Thèse

POUR LE DOCTORAT.

DE LA NOVATION.

L'Acte public sur les matières ci-après sera soutenu,
le jeudi 26 avril 1855, à huit heures et demie,

Par André MOINIER,

AVOCAT A LA COUR IMPÉRIALE.

Président : M. VUATRIN, Professeur.

Suffragants :
{ MM. DEMANTE,
BUGNET,
PELLAT,   } Professeurs.
DUVERGER,   } Suppléant.

*Le Candidat répondra en outre aux questions qui lui seront faites
sur les autres matières de l'enseignement.*

PARIS.

VINCHON, FILS ET SUCCESSEUR DE Mᵐᵉ Vᶜ BALLARD,
Imprimeur de la Faculté de Droit,
RUE J.-J. ROUSSEAU, 8.

1855.

A MON PÈRE, A MA MÈRE.

DROIT ROMAIN.

DE NOVATIONIBUS ET DELEGATIONIBUS.

(Liv. xlvi, tit. ii, D.; liv. viii, tit. xli, C.)

Si le législateur a dû, pour régler les rapports privés des citoyens, spécifier avec soin les opérations juridiques qui devaient former entre eux des liens d'obligation; il a dû, par le même motif, déterminer également les faits qui dissoudraient ces obligations et en rompraient les liens. Les titres nombreux du Digeste et du Code relatifs à cette importante matière nous témoignent de sa sollicitude à cet égard.

Mais entre ces divers modes d'extinction des obligations que nous font connaître les textes, il existe de grandes différences. Les uns, comme le payement, l'acceptilation, etc., agissent *ipso jure*, d'une manière radicale et absolue, sans laisser subsister aucune trace de l'obligation préexistante, de sorte que, pour s'en prévaloir vis-à-vis de son adversaire, le débiteur poursuivi n'est pas obligé de faire insérer dans la formule une exception ; il lui suffit de les opposer devant le juge qui, ne trouvant pas de personne obligée, doit nécessairement l'absoudre, aux termes mêmes de son mandat. Les autres, au contraire, comme le pacte de remise, la compensation, etc., n'éteignent pas l'obligation, et ne viennent qu'indirectement au secours du débiteur en lui fournissant un moyen de défense, *exceptionis ope*, lorsque la prétention du créancier, quoique fondée en droit, est contraire à l'équité : « Justa « est, sed tamen iniqua, » comme disent les *Institutes* (1). De ces divers modes d'extinction, ainsi séparés dans leurs résultats par une différence si profonde, les premiers seuls méritent véritablement leur nom ; quant aux seconds, ils sont bien plutôt un obstacle à l'effet de l'obligation, qu'un moyen de l'éteindre, puisque le débiteur *obligatus permanet*, et sera inévitablement condamné si le juge ne trouve pas dans la formule l'exception qui doit le protéger.

Après cette première division nous devons en faire une seconde, en ce qui concerne les modes d'extinction de la première catégorie, et distinguer ceux qui sont généraux, qui peuvent s'appliquer à toute obligation quelles que soient sa nature et la manière dont elle s'est formée, de ceux qui sont spéciaux et ne peuvent se présenter que dans des cas particuliers. De cette distinction ressort, à notre avis, l'inexactitude de cette opinion assez généralement accréditée, qu'en droit romain les obligations s'éteignent par l'emploi du même mode qui a servi à les former. Car s'il est vrai que l'acceptilation qui a lieu *verbis* n'éteint que les obligations nées *verbis* et que le mutuel dissenti-

---

ment n'éteint que les obligations nées *solo consensu;* d'autre part le payement éteint non-seulement les obligations formées *re*, mais encore les obligations formées *verbis, litteris,* ou *consensu;* et la novation, qui le plus souvent a lieu *per stipulationem,* éteint aussi toute obligation de quelque manière qu'elle soit née.

C'est de ce dernier mode d'extinction que nous nous occuperons; il appartient à la première classe et à la première des subdivisions que nous venons d'établir.

La novation a le même caractère de généralité que le payement, elle sert comme lui à dissoudre toutes les obligations, soit qu'elles aient été formées *re, verbis, litteris, consensu,* soit qu'elles proviennent *contractu aut quasi ex contractu, ex maleficio aut quasi ex maleficio.* « Omnes res transire in novationem pos- « sunt » (1).

C'est, selon la définition étymologique qu'en donne Ulpien, la substitution d'une nouvelle obligation à une ancienne qui se trouve éteinte par ce fait : « No- « vatio est prioris debiti in aliam obligationem... « transfusio atque translatio... novatio a novo nomen « accepit et a nova obligatione » (2).

Le résultat de la novation est donc double, puisqu'elle opère en même temps l'extinction et la création d'une obligation.

Elle ne pouvait se produire que par l'emploi du mode solennel de la stipulation ou par le contrat *litte-*

---

(1) L. 2, de nov., D., l. xlvi, 2.
(2) L. 1. pr., de nov., D., xlvi, 2.

ris et, pour un cas spécial, par la *dotis dictio*. En outre, et en dehors de ces faits juridiques, facultatifs pour les contractants, il y avait une novation forcée, s'accomplissant d'elle-même, qui résultait dans certains cas de la *litis contestatio* et même de la sentence, ainsi que nous l'apprend Gaïus (1).

Il y a donc deux espèces de novation : l'une volontaire ou contractuelle, l'autre forcée et judiciaire. C'est de la première que nous comptons nous occuper principalement ; et nous ne parlerons de la seconde qu'accessoirement, pour faire connaître les caractères qui lui étaient propres et la différenciaient de la novation volontaire.

I.

DE LA NOVATION VOLONTAIRE.

La novation volontaire peut se produire de trois manières différentes. Elle peut intervenir : 1° *inter easdem personas*, le créancier et le débiteur restant les mêmes et l'objet de l'obligation étant seul changé ; c'est le cas de la novation proprement dite ; 2° entre le même créancier et un nouveau débiteur, lorsque la nouvelle obligation, qui éteint la première, est contractée envers ce même créancier par le nouveau débiteur sans le concours de l'ancien ; alors il y a *expromissio* ; 3° entre le même créancier et le même débiteur, mais avec intervention d'un nouveau débiteur que l'ancien offre en son lieu et place à son créancier pour en obtenir sa libération ; alors il y a

----

(1) Gaï, C. iii, § 180 et 181.

délégation : « Delegare est vice sua alium reum dare
« creditori, vel cui jusserit » (1).

Cette division tripartite de la novation volontaire
nous indique tout naturellement la marche à suivre.
Nous allons, en nous occupant de la novation proprement dite, exposer d'abord les principes généraux
applicables aux trois espèces de novation ; puis nous
examinerons les principes particuliers à l'*expromissio*
et à la délégation.

SECTION PREMIÈRE.

De la novation proprement dite.

Pour que la novation puisse s'opérer, quatre éléments sont nécessaires, à savoir : 1° une première obligation qui puisse être novée ; 2° une seconde obligation qui vienne prendre la place de la première ; 3° la
volonté de nover ; 4° enfin la capacité des parties contractantes. L'absence de l'un de ces éléments rend la
novation complétement impossible.

§ 1. — De l'obligation qui peut être novée.

Nous avons déjà vu que la novation peut éteindre
toute espèce d'obligations, qu'elles soient civiles, pré-
toriennes ou naturelles (2). Nous savons en effet que
l'obligation naturelle ne diffère de l'obligation civile,
qu'en ce sens seulement qu'elle est dépourvue d'ac-

---

(1) L. 11, de nov., D., XLVI, 2.
(2) L. 1, § 1, de nov., D., XLVI, 2.

tion, et que la validité de son existence est si bien reconnue, qu'elle peut servir de base à des contrats accessoires et être garantie par une hypothèque (1). Nous dirons même à ce sujet que, pour la validité de la novation, il faut qu'outre le lien civil, le débiteur soit tenu par un lien naturel ; ainsi, l'obligation contractée par la femme contrairement aux dispositions du sénatus-consulte Velléien n'était pas susceptible d'être novée parce que, quoique civilement obligée, la femme était protégée par une exception perpétuelle contre la poursuite de son créancier.

Il n'y a pas que les obligations pures et simples qui puissent être novées, mais encore celles qui sont soumises à des modalités. A cet égard cependant il existe une grande différence dans le résultat produit, selon que cette modalité est un terme ou une condition.

Lorsque l'obligation est à terme, la novation se fait même avant le terme (2), et c'est à tort qu'on voudrait soutenir que le terme de la première obligation doit tacitement passer à la seconde, car, en matière d'obligations, il ne faut pas facilement supposer des modalités, et on ne doit les admettre que lorsqu'elles sont l'expression de la volonté des parties (3).

Au contraire, lorsque l'obligation que l'on veut nover par une obligation pure et simple est conditionnelle, la novation n'a pas lieu immédiatement, il ne naît qu'une espérance qui se réalisera seulement quand la condition sera remplie. L'arrivée de cette

---

(1) L. 5, pr. in fine, de pign. et hyp., D., xx, 1.
(2) L. 5 et 8, § 1, de nov., D., xlvi, 2.
(3) L. 126, § 2, de verb. oblig., D., xlv, 1.

condition produit simultanément un double résultat ; elle crée rétroactivement la première obligation, qui se trouve immédiatement novée par la seconde qui vient prendre sa place. Si la condition ne s'accomplit pas, il n'y aura pas de novation, car il n'y aura pas eu de première obligation (1). Il ne suffit même pas de l'arrivée de la condition pour que la novation puisse avoir lieu, il faut encore qu'il y ait à cette époque une personne qui puisse être obligée. Marcellus nous dit en effet (2), que si le débiteur est déporté *pendente conditione*, la novation n'aura pas lieu malgré l'arrivée de la condition, car il y aura absence d'un des éléments essentiels, une première obligation.

La décision de Marcellus nous prouve que le déporté cesse d'être tenu, même naturellement, des dettes par lui contractées avant la *capitis deminutio*. C'est en vain qu'on opposerait comme contraire à ce principe un fragment d'Ulpien (3) qui semble donner une décision différente, car les cas prévus par les deux jurisconsultes ne sont pas les mêmes. Marcellus prévoit un cas de déportation, de perte de la cité, qui entraîne la *media capitis deminutio*, tandis qu'Ulpien ne s'occupe que de la *minima*; et il nous met en garde contre toute confusion par ces mots du *principium* : « Cæte-« rum sive amissione civitatis, sive libertatis amis-« sione contingat capitis deminutio, cessabit edictum. »

On peut se demander pourquoi cette différence entre ceux qui subissent la *maxima* ou la *media capitis*

---

(1) L. 8, de nov., D., XLVI, 2.
(2) L. 14, § 1, in fine, de nov., D., XLVI, 2.
(3) L. 2, § 2, de capite min., D., IV, 5.

deminutio, et ceux qui encourent seulement la *minima*. La raison en est que dans les deux premiers cas, il y a confiscation complète des biens, et il y aurait inhumanité à laisser dans les liens d'une obligation même naturelle, un homme qui est *exutus bonis* (1); les droits des créanciers sont d'ailleurs sauvegardés par la maxime si équitable : « Bona non intelliguntur, nisi « deducto ære alieno »; de sorte que le fisc, qui bénéficie du produit de la confiscation, est tenu de payer les dettes. Dans la seconde hypothèse, au contraire, l'adrogé ou l'émancipé n'est pas *exutus bonis*, son patrimoine passe avec sa personne au pouvoir de l'abrogeant, ou lui appartient en propre en cas d'émancipation. On comprend donc qu'il continue à être obligé naturellement, et que le préteur ait même donné à ses créanciers une action fictice pour pouvoir agir contre lui comme s'il n'y avait pas eu *status mutatio*.

Si ce n'était pas le débiteur, mais l'objet de l'obligation conditionnelle qui fit défaut au moment de l'arrivée de la condition, par exemple si cet objet avait péri sans la faute du débiteur, la novation serait encore impossible, parce que la première obligation n'aurait pas pu prendre naissance faute d'objet, et le débiteur serait libéré.

On peut même faire novation d'une obligation future, pourvu, bien entendu, qu'elle se produise; dans ce cas il y a interversion dans l'ordre chronologique des deux obligations nécessaires pour qu'il puisse y avoir novation, — celle qui doit être novée étant en fait la seconde, mais la première dans la

______

(1) L. 25, § 7, quæ in fraudem, D., XLII, 8.

pensée des parties. — La loi 8, § 2, de notre titre, nous en fournit un exemple ; Primus stipule de Seius ce qu'il stipulera de Titius, la novation s'accomplira dès l'instant où il aura stipulé de Titius, si toutefois telle a été l'intention des parties ; sans quoi il n'y aurait pas de novation, ainsi que nous le dit Celsus, dont Ulpien approuve la décision : « Idem Celsus ait, « judicatum solvi stipulatione actionem judicati non « novari. Merito : quia hoc solum agitur ea stipula-« tione , ut fidejussoribus cautum sit ; non ut ab obli-« gatione discedatur (1). »

§ 2. — De l'obligation qui prend la place de la première.

La novation étant une opération à double face qui éteint et crée une obligation tout à la fois, nous avons à nous occuper de la seconde obligation, après avoir parlé de la première. Nous dirons de l'une ce que nous avons dit de l'autre, à savoir : qu'il est indifférent, pour que la novation se produise, qu'elle soit civile ou naturelle. Il n'est pas même nécessaire que les deux obligations , dont l'une vient ainsi se substituer à l'autre, soient de la même nature. Une obligation naturelle peut être novée par une obligation civile, et réciproquement. C'est ce que nous apprend Ulpien : « Dummodo sequens obligatio aut civiliter teneat, aut « naturaliter : ut puta si pupillus sine tutoris auctori-« tate promiserit (2). »

Si tout le monde est d'accord sur la règle posée par

---

(1) L. 8, § 3, de nov., D., xlvi, 2.
(2) L. 1, § 1, in fine, de nov., D., xlvi, 2.

le jurisconsulte, il est loin d'en être de même de l'exemple d'obligation naturelle qu'il a choisi. C'est en effet une question très-controversée en droit romain, *celebris quæstio*, comme l'appelle Pothier, que celle de savoir si le pupille qui promet dans une stipulation *sine tutoris auctoritate*, s'oblige naturellement. Nous trouvons à cet égard au Digeste — et c'est précisément la source de la difficulté — les textes les plus contradictoires, les décisions les plus catégoriquement opposées (1). Que conclure de cette divergence d'opinions? Y a-t-il véritable antinomie? N'y aurait-il pas au contraire un moyen de conciliation possible? Un auteur de regrettable mémoire (2) a professé (3) un système très-ingénieux qui a presque obtenu une adhésion générale, car il semble faire cesser la contradiction des différentes solutions. D'après ce système le pupille qui a promis *sine tutoris auctoritate*, et qui ne s'est pas enrichi, ne s'oblige pas même naturellement en ce qui le concerne; s'il a payé, il pourra répéter (4). Sa promesse ne peut produire aucun effet contre lui, soit directement, soit indirectement. Mais relativement aux autres personnes, il n'en est pas de même, l'engagement du pupille produira des effets; il y aura une obligation naturelle qui pourra servir de

---

(1) Voir dans le sens de l'obligation naturelle : L. 1, § 1, de nov., D., XLVI, 2 ; L. 95, § 2, de sol., D., XLVI, 3 ; L. 3, § 4, de neg. gest., D., III, 5 ; L. 127, de verb. obl., D., XLV, 1 ; L. 42, pr. de jurejur., D., XII, 2 ; L. 21, pr. ad leg. falc., D., XXXV, 2 ; L. 44, de solut., D., XLVI, 3 ; — secus : L. 41, de cond. indeb., D., XII, 6 ; L. 13, § 1, h. t. ; L. 14, h. t. ; L. 50, de obl. et act., D., XLIV, 7.

(2) M. Ducaurroy.

(3) Inst., t. II, n° 1116, note a.

(4) L. 41, de cond. indeb., D., XII, 6.

base à un contrat accessoire de fidéjussion (1), et en conséquence l'exemple de la loi 1, *de novationibus*, ne doit plus nous surprendre, puisque c'est à un tiers, au stipulant qu'on oppose l'obligation du pupille. Ainsi l'obligation contractée par le pupille *sine tutoris auctoritate*, complétement nulle à son égard, vaut comme obligation naturelle à l'égard de tout autre.

Ce système trancherait la difficulté s'il pouvait s'appliquer à tous les textes; mais comme nous en trouvons où l'obligation naturelle du pupille produit des effets contre le pupille lui-même, nous sommes forcés de ne pas l'admettre. Voyons en effet ce qui se passe dans l'espèce prévue par la loi 21, *ad legem Falcidiam :* Un pupille avait emprunté une somme d'argent sans que son tuteur se fût porté *auctor*, son créancier lui fait un legs à la condition qu'il payera à son héritier la somme empruntée. S'il paye, nous dit le jurisconsulte Paul, ce payement produira deux effets : 1° accomplissement de la condition apposée au legs ; 2° extinction de l'obligation naturelle qu'il a contractée; et l'existence de cette obligation est si bien reconnue même contre lui, que si plus tard, dit notre texte, il renonçait au legs, ou si l'esclave légué venait à périr, il ne pourrait pas répéter ce qu'il aurait payé; tandis que si, au contraire, on n'avait considéré le payement que comme accomplissement de la condition imposée, le legs venant à s'éteindre, il aurait pu répéter la somme payée par la *condictio ob rem dati, re non secuta.*

Mais ce système de conciliation n'est pas le seul qui

---

(1) L. 127, de verb. oblig., D., xlv, 1.

ait été présenté. Cujas (1) a essayé également de mettre les textes en harmonie, sans toutefois se dissimuler la difficulté de l'entreprise : « Sunt hac in re « multæ leges quæ pugnant invicem, et est summus « omnium labor in eis adducendis in concordiam. » Il avoue même qu'il a désespéré longtemps d'y parvenir. Tout dépend, selon lui, d'une question de fait ; Le pupille s'est-il enrichi dans l'opération ou non ? Dans le premier cas, il est obligé naturellement pour ce dont il s'est enrichi : « Quia natura æquum est ne « quis alieno detrimento suas augeat commoditates. » Cette règle une fois admise, Cujas se trouve fort embarrassé pour expliquer le § 1 de la loi 25 *quando dies legatorum*, qui reconnaît l'existence d'une obligation naturelle, tout en supposant que le pupille ne s'est pas enrichi : *nec locupletior factus est*. Alors ne pouvant dénouer la difficulté, il la tranche en constatant que l'on ne trouve pas la particule *nec* dans l'édition florentine, et par sa suppression il transforme un texte opposé en un texte favorable à son opinion. Si au contraire, ajoute Cujas, le pupille ne s'est pas enrichi, il ne sera soumis à aucune obligation. Ainsi, d'après lui, les textes qui n'admettent pas l'obligation naturelle du pupille supposent tous qu'il ne s'est pas enrichi. Cette interprétation ne nous paraît pas satisfaisante, puisque d'après une constitution d'Antonin-le-Pieux, les pupilles qui se sont enrichis sont tenus civilement. Aussi Cujas est-il obligé de dire que, même après cette constitution, les jurisconsultes, Papi-

_____

(1) Ad Papin., L. 95, 2, de solut.

nien entre autres, dans la loi 95, § 2, *de solutionibus*, raisonnaient d'après le droit antérieur.

Nous préférons croire que les différentes lois qui traitent la question et donnent des solutions opposées sont inconciliables, et voir dans l'opinion de ceux qui reconnaissent l'existence d'une obligation naturelle un progrès de la jurisprudence produit par la constitution d'Antonin. Dès le moment que ce prince eut déclaré que le pupille devenu plus riche serait tenu civilement, il fut tout naturel d'admettre, pour obéir à ce mouvement imprimé en avant, que celui qui ne s'était pas enrichi serait tenu naturellement.

Nous dirons donc, en revenant à notre sujet, après cette longue digression que nous n'avons pu éviter, nous dirons donc avec le § 1 de la loi 1, *de novationibus*, qu'il n'est pas nécessaire pour que la novation puisse s'opérer, que la nouvelle obligation donne une action contre le promettant; il suffit qu'elle soit naturelle, de sorte que, bien qu'elle soit inefficace, la première obligation n'en est pas moins éteinte par la novation. Mais il faut pour cela que les personnes qui sont intervenues dans la seconde stipulation aient été capables d'y jouer un rôle, et par conséquent que les formes solennelles qu'elle exige aient été observées. C'est ce qui explique la différence de l'effet produit par la promesse d'un pupille *sine tutoris auctoritate*, et celle d'un esclave; car dans ce dernier cas l'esclave ne s'oblige nullement. Il ne naît pas même de sa promesse une obligation naturelle. C'est comme si un pérégrin avait joué un rôle dans une stipulation dans laquelle on aurait employé la formule *Spondes? Spondeo*. Les esclaves ne pouvaient concourir à une stipu-

lation que *ex personâ domini*, non pour promettre, mais uniquement pour stipuler (1). « Non magis nova-
« tio fit, » nous dit Gaius, « quam si id quod tu mihi
« debeas a peregrino cum quo sponsionis communio
« non est, spondes verbo stipulatus sim (2). »

De même que l'obligation qui est novée peut être à terme ou conditionnelle, celle qui prend sa place peut également être soumise aux mêmes modalités, mais toujours avec cette différence, que si l'obligation est à terme, la novation aura lieu sur-le-champ, puis-qu'il est certain que le terme arrivera, sans que toutefois on puisse agir avant qu'il soit arrivé (3); tandis que si l'obligation est conditionnelle, la novation restera en suspens et n'aura lieu seulement qu'à l'événement de la condition (4). Si la condition vient à défaillir, la novation ne s'étant point opérée, la première obligation subsistera toujours. Ce résultat est conforme aux principes rigoureux du droit, qui exige pour qu'il y ait novation, l'existence de deux obligations dont l'une soit remplacée par l'autre, circonstance qui ne pourra se présenter que si la condition s'accomplit; mais il nous paraît devoir être presque toujours en opposition directe avec la volonté des parties contractantes. Il est bien évident, en effet, qu'elles ont voulu faire quelque chose de nouveau en ajoutant une condition dans la seconde stipulation; et cependant, quoi qu'il arrive, que la condition se réalise ou ne se réalise pas, le résul-

---

(1) M. Ducaurroy, t. ii, nᵒ 1116.
(2) Comm. iii, § 179, in fine.
(3) L. 5, de nov., D., xlvi, 2.
(4) L. 8 et 14, de nov., D., xlvi, 2.

tat sera le même. Prenons un exemple : Primus
stipule de Secundus cent écus d'or purement et simplement, puis, par un second contrat verbal, il les
stipule de nouveau sous condition, si Velleius est
nommé consul ; si Velleius est nommé, la novation
aura lieu et Secundus devra les cent écus d'or en vertu
de la seconde stipulation ; si Velleius n'est pas nommé,
il les devra en vertu de la première ; donc, quoi qu'il
arrive, le résultat de la seconde stipulation sera nul.
Aussi Servius Sulpicius n'admettait pas que la novation
restât ainsi en suspens jusqu'à l'arrivée de la condition ; il pensait, au contraire, qu'elle s'opérait au moment même de la stipulation conditionnelle et qu'on
échangeait ainsi le produit certain que l'on devait
retirer de la première contre la chance éventuelle
d'être payé en vertu de la seconde. Gaïus, tout en re-
jetant cette opinion comme contraire aux principes
rigoureux du droit, se demande cependant (1) si, lorsque
la condition ne s'est pas accomplie, le débiteur ne pourrait pas repousser, par l'exception *doli* ou *pacti conventi*,
le créancier qui voudrait agir en vertu de la première
obligation, parce que, ajoute-t-il, il semble qu'il a été
convenu entre les parties que la chose ne serait demandée qu'autant que la condition de la seconde stipulation s'accomplirait. Mais ce doute du jurisconsulte
ne s'élève que lorsque tout se passe entre le même
créancier et le même débiteur, car si la promesse
conditionnelle était faite par un nouveau débiteur,
nous voyons au Digeste (1), que Gaïus n'hésite pas à

---

(1) Com., iii, § 179.
(2) L. 30, § 2, de pactis, D., ii, 14.
2032

refuser l'exception *pacti conventi* au débiteur primitif qui serait poursuivi par le créancier, la condition de la seconde stipulation ne s'étant pas accomplie, l'intention des parties était évidemment dans ce cas de n'éteindre la première obligation que si la seconde prenait naissance. Il n'y a donc pas contradiction entre les deux textes de Gaïus, puisqu'il s'est placé à deux points de vue différents.

Ce que nous venons de dire au sujet de la novation opérée par une stipulation conditionnelle ne doit recevoir son application que lorsqu'il y a une véritable condition, car celui qui stipule sous une condition qui doit nécessairement se réaliser, est censé stipuler purement et simplement (1). C'est ce que nous dit encore la loi 7 D., *de verb. obligationibus*, qui considère comme non avenue la condition suivante : *Si in cœlum non ascenderit*.

Il peut arriver que malgré l'accomplissement de la condition, la novation ne se produise pas, c'est lorsque la seconde obligation manque d'un des éléments essentiels à son existence, lorsque, par exemple, l'objet promis vient à périr, sans la faute du débiteur, avant l'accomplissement de la condition, « quia non subest « res quo tempore conditio impletur, » (2) et qu'une obligation sans objet ne saurait exister. Il en serait de même, si au moment de l'accomplissement de la condition il n'y avait plus de personne susceptible d'être obligée, si *pendente conditione* le débiteur avait subi *maximam aut mediam capitis deminutionem*, car l'obli-

---

(1) L. 9, § 1, de nov., D., xlvi, 2.
(2) L. 14, de nov., D., xlvi, 2.

gation manquerait de sujet passif. Mais la mort de ce débiteur, survenue dans l'intervalle écoulé entre la stipulation et l'arrivée de la condition, n'empêcherait pas la novation de s'accomplir, quoiqu'il n'y eût pas encore à cette époque adition d'hérédité : « hic enim « morte promissoris non extinguitur stipulatio, sed « transit ad heredem cujus personam interim here- « ditas substinet (1) ».

Ce dernier membre de phrase a donné naissance à une difficulté assez sérieuse, car il se trouve en opposition avec une foule de textes, qui, au lieu d'admettre que l'hérédité *sustinet personam heredis*, posent en principe, au contraire, qu'elle représente la personne du défunt (2).

Nous dirons d'abord que notre loi 24 ne nous paraît pas péremptoire dans le sens de la première opinion, car nous trouvons dans la Vulgate le mot *ejus*, placé immédiatement avant le mot *cujus*, ce qui donne un tout autre sens à la phrase. Mais cette correction une fois faite, nous nous trouvons en présence d'un autre texte dont les termes sont très-affirmatifs et ne sauraient admettre de changements. C'est la loi 54 *de adquirenda vel omittenda hereditate* : «Heres quandoque « adeundo hereditatem, jam tunc a morte successisse « defuncto videtur. » Cet effet rétroactif donné à l'adition de l'héritier prouverait bien, en effet, que l'hérédité n'a jamais représenté la personne du défunt.

Comment concilier ces textes opposés? le *principium*

---

(1) L. 24, de nov., D., xlvi, 2.

(2) L. 31, § 1, de heredibus inst., D., xxviii, 5; L. 116, § 3, de legatis 1°, D., xxx, 1; L. 34, de adq. rerum dom., D., xli, 1; Inst., § 2, L. ii, t. xiv, et pr., L. iii, tit. xvii.

du titre *de stipulatione servorum*, aux Instilutes, résout, selon nous, la question. La règle générale, posée dans ce paragraphe, est que l'hérédité représente la personne du défunt, mais le texte a soin d'ajouter *in plerisque*; il y a donc des exceptions. On avait admis, en effet, que lorsque l'esclave de l'hérédité jacente aurait stipulé *heredi futuro*, la stipulation ne serait pas inutile, et que le bénéfice en serait pour l'héritier parce qu'au moment de l'adition il était censé, par suite de l'effet rétroactif de celle-ci, avoir succédé au défunt, au moment même de son décès. C'est sans doute dans cette hypothèse que se plaçait Florentinus dans ses Instilutes, et les compilateurs du Digeste, par inadvertance, ont donné dans la loi 54, comme règle générale, une décision particulière; ce qui le prouve, c'est que le même Florentinus nous dit en termes formels dans un autre passage de ses Institutes : « Hereditas personæ defuncti qui eam relinquit « vice fungitur (1) ». Évidemment, il avait envisagé deux cas distincts.

Gaïus, examinant le cas où le même créancier et le même débiteur stipuleraient à nouveau ce qui faisait déjà l'objet d'un premier contrat verbal, nous dit (2) que cette seconde stipulation n'emporterait novation qu'à la condition de contenir quelque chose de nouveau, par exemple, l'adjonction ou la suppression d'un *sponsor*. Justinien (3) nous donne la même règle; seulement comme le *sponsor* n'est plus en usage de son temps, il lui substitue le *fidejussor*.

---

(1) L. 116, § 3, de legatis 1°, D., xxx, 1.
(2) Com. iii, § 177.
(3) Inst., § 3, L. iii, tit. xxix.

Relativement à ce dernier, on ne comprend pas comment son accession à la dette aurait pu faire qu'il y eût novation, puisque Justinien nous dit lui-même, dans le paragraphe 3 *de fidejussoribus*, aux Institutes, que le *fidejussor* peut *sequi obligationem*. Aussi est-on généralement d'accord pour reconnaître que Justinien a eu tort de copier, en le corrigeant, le passage de Gaïus, qui, lui, avait eu raison de parler du *sponsor* dont la promesse ne pouvait intervenir avant ni après le contrat principal, de sorte que les deux obligations, l'une principale, l'autre accessoire, devaient se former en même temps; et on explique ainsi que l'adjonction d'un *sponsor* dans la seconde stipulation, opérât novation, puisqu'il fallait faire un nouveau contrat verbal. Cette explication serait satisfaisante s'il était bien prouvé qu'il fût nécessaire que les *sponsores* s'engageassent en même temps que le débiteur principal; mais cette nécessité n'est rien moins que certaine, et paraît même fort douteuse en présence de l'obligation dans laquelle se trouvait celui qui recevait des *sponsores* de « prædicare palam et declarare, et de qua re satis « accipiat, et quot sponsores aut fidepromissores in « eam obligationem accepturus sit, » obligation sanctionnée si rigoureusement par la loi Apuleia (1). A quoi bon, en effet, imposer au créancier l'obligation stricte d'annoncer à l'avance le nombre des *sponsores* qu'il veut recevoir, si ces *sponsores* doivent forcément se voir et se compter eux-mêmes au moment du contrat ! Et comment supposer si peu d'utilité pratique à une formalité si importante ! Aussi croyons-nous que les

---

(1) Gaïus, Com. III, § 123.

sponsores pouvaient s'obliger après le débiteur principal.

Du reste, la question de savoir si l'adjonction d'un *sponsor* était nécessaire pour qu'il y eût novation était controversée par les jurisconsultes, et Gaïus (1) nous fait connaître cette divergence d'opinions : « Sed « quod de sponsore dixi, non constat, nam diversæ « scholæ auctoribus placuit, nihil ad novationem pro- « ficere sponsoris adjectionem aut detractionem. » Comment expliquer que sur ce point les avis fussent si partagés? C'est ce que nous ne pouvons faire d'aucune manière ; l'absence de tout document nous réduit à cette impuissance.

Nous avons toujours parlé, en traitant la question, de l'adjonction soit d'un *fidejussor*, soit d'un *sponsor*, et jamais de leur suppression. Cette abstention est volontaire, car nous croyons que relativement à la suppression il ne peut y avoir de difficultés. Comme ils ne pouvaient être supprimés que par une acceptilation, il nous semble que c'est toujours par ce mode d'extinction, et non par la novation, que disparaîtra, et disparaîtra nécessairement, l'obligation principale, sauf ensuite aux parties à en former une nouvelle en la manière ordinaire.

§ 3. — De l'intention de nover.

(a) Avant Justinien.

Pour qu'une novation pût s'opérer, il ne suffisait pas

---

(1) Com. iii, § 178.

de la présence d'une première obligation et de l'existence d'une seconde destinée à la remplacer, il fallait
que les parties contractantes eussent l'intention de
nover. A défaut de cette intention, il y avait deux obligations dont la seconde venait s'ajouter à la première,
ainsi que nous le verrons bientôt. Des textes nombreux attestent l'absolue nécessité de l'*animus novandi*,
et d'abord la loi 2 de notre titre qui nous dit formellement : « Dummodo sciamus novationem ita demum
« fieri, si hoc agatur ut novetur obligatio; cæterum
« si non hoc agatur, duæ erunt obligationes (1). »

Dans le droit romain classique, il n'était pas nécessaire que l'intention des parties fût exprimée, il suffisait qu'elle résultât des circonstances. C'était une
question d'interprétation de volonté, qui laissait libre
carrière aux conjectures et aux présomptions. Il s'a-
gissait d'examiner, par exemple, si la seconde obligation n'aurait pas été faite pour donner de la force à
la première, car, dans ce cas, il était bien évident que
les parties n'avaient pas voulu l'éteindre. C'est ce que
décide Scævola, dans l'espèce suivante : « Servus ab-
« sentis reipublicæ causa pupilli servis pecuniam cre-
« didit, subscribente tutore, stipulatione in personam
« tutoris translata : quæsitum est, an adversus pu-
« pillum competat actio ? Respondi, si, cum in rem pu-
« pilli daretur, id in rem versum est, et quo magis actus
« servorum confirmaretur, tutor spopondit, posse
« nihilominus dici de in rem verso cum pupillo ac-
« tionem fore (2). » C'est ce qui faisait dire à Ulpien (3)

---

(1) L. 2, de nov., D., xlvi, 2.
(2) L. 20, § 1, de in rem verso, D., xv, 3.
(3) L. 6, § 1, de nov., D., xlvi, 2.

que lorsqu'on a donné de l'argent en *mutuum* sans stipulation et que la stipulation a lieu ensuite, il n'y a qu'un seul contrat; et qu'il en serait de même, si c'était la stipulation qui eût été faite la première, et que la numération des espèces ne fût venue qu'après. Pomponius, du reste, dans la loi suivante, nous en donne la raison : « Quia id agitur ut sola stipulatio « teneat, et magis implendæ stipulationis gratia nume- « ratio intelligenda est fieri (1). » C'est aussi conformément à cette idée qu'on avait admis que les stipulations pénales n'opéraient pas novation. Ne serait-il pas absurde, en effet, qu'une obligation fût éteinte par une stipulation faite précisément pour la sanctionner! Il ne s'agit pas dans ces stipulations de libérer le débiteur, mais seulement de le forcer à exécuter son obligation par crainte d'encourir la peine.

Du principe qu'il ne s'opère pas de novation, il résulte que le créancier qui a corroboré l'obligation de son débiteur par une stipulation pénale, a contre lui deux actions; la première provenant de l'obligation primitive, et la seconde de la stipulation, de telle sorte qu'il peut agir contre le débiteur par l'une et par l'autre. Mais, comme en réalité la chose n'est due qu'une fois, le droit du créancier trouve une limite naturelle dans l'équité, qui ne saurait permettre qu'il pût la faire payer deux fois. Il doit donc imputer ce qu'il a reçu en vertu de l'une des actions sur ce qu'il obtiendrait par l'autre ; c'est-à-dire réclamer seulement en vertu de la seconde, ce qu'il n'aurait pas reçu dans l'exercice de la première : « Si quis a socio pœnam

---

(1) L. 7, de nov., D., xlvi, 2, et L. 126, § 2, de verb. oblig., D., xlv, 1.

« stipulatus sit, pro socio non aget, si tantumdem in
« pœnam sit quantum ejus interfuit (1). » « Quod si ex
« stipulatu eam consecutus sit, postea pro socio agen-
« do, hoc minus accipiet, pœna ei in sortem impu-
« tata (2). »

Notre principe que la stipulation pénale n'opère pas
novation, loin d'être en opposition avec la loi 44, § 7,
de obligationibus et actionibus, est au contraire confirmé
par elle. Le jurisconsulte décide dans cette loi que
lorsqu'on agit en vertu de la stipulation pénale, il
s'opère une *quasi-novatio* de la première obligation.
Par ces mots *quasi-novatio*, Paul a voulu dire seulement que le créancier ne peut pas avoir en même
temps l'objet de l'obligation et la peine stipulée. L'emploi du mot *quasi* indique suffisamment qu'il n'a pas
eu l'intention de décider qu'il y avait une véritable
novation ; et s'il s'est servi de cette expression, c'est
uniquement comme terme de comparaison (3).

C'est, du reste, une règle générale en droit romain (4) que *bona fides non patitur ut bis idem exigatur*,
et elle trouve son application dans la loi 8, § 5, de
notre titre. Nous voyons en effet dans cette loi, que, si
un mari stipule de sa femme la dot qui lui avait déjà
été promise par un tiers, et que cette stipulation ait
été faite sans *animus novandi*, le tiers et la femme seront bien tenus envers le mari, mais que l'un payant,
l'autre sera libéré.

Des termes mêmes de la maxime que nous venons

---

(1) L. 41, pro socio, D., xvii, 2.
(2) L. 42, pro socio, D., xvii, 2.
(3) Voët, ad Pand. de nov., n° 4.
(4) L. 57, de reg. juris., D., l, 17.

de citer, il résulte qu'elle ne peut être invoquée que lorsque c'est identiquement la même chose qui est réclamée en vertu des deux obligations. Aussi décide-t-on qu'après avoir demandé un fonds, on peut encore poursuivre le débiteur pour en obtenir l'estimation si elle a été stipulée, car le fonds et l'estimation sont deux choses distinctes, et, par suite, les stipulations qui les concernent sont complétement indépendantes l'une de l'autre, si indépendantes même que Papinien nous dit (1) que les résultats obtenus par le créancier qui les invoque l'une et l'autre peuvent être très-différents. En effet, tandis que le juge qui connaît de la première stipulation doit pour fixer le *quantum* de la condamnation, estimer le fonds tel qu'il se trouvait au moment de la demande, détérioré ou non, pourvu que dans le premier cas ce soit sans la faute du débiteur; le juge qui prononce sur la seconde stipulation, doit au contraire estimer le fonds d'après la valeur qu'il avait au moment même de la stipulation, sans se préoccuper de son état lors de la *litis contestatio.*

Il est des cas où la question de savoir si la seconde stipulation produit ou non une novation ne saurait être douteuse; c'est lorsque la volonté contraire des parties ressort des termes mêmes de cette seconde stipulation, par exemple, lorsqu'on stipule d'un tiers ce qu'on n'aurait pas pu obtenir de son débiteur (2). Il est bien évident que les parties n'ont pas voulu faire novation; car la stipulation faite avec le tiers démontre clairement chez le créancier l'intention formelle de se

---

(1) L. 28, de nov., D., xlvi, 2.
(2) L. 6, pr. de nov., D., xlvi, 2.

prévaloir de la première obligation, puisqu'il ne pourra agir contre le promettant, qu'après avoir poursuivi son débiteur. Ce tiers joue donc dans l'espèce le rôle de *fidejussor*, mais sa situation diffère de celle du *fidejussor* ordinaire ; tandis que celui-ci ne peut plus être actionné lorsque le créancier a agi contre le débiteur principal, l'autre au contraire n'a à redouter les poursuites que lorsque ce débiteur principal n'a pas pu donner satisfaction pleine et entière à son créancier.

La volonté de ne pas nover se manifeste également dans la stipulation *judicatum solvi*, puisque le but des parties a été seulement *ut fidejussoribus cautum sit* (1).

En un mot, et pour nous résumer, il résulte de ce que nous venons de dire, qu'il suffisait, pour qu'il y eût novation dans l'ancien droit, que l'*animus novandi* fût indiqué par les circonstances.

(b) Depuis Justinien.

C'était souvent une question très-délicate que celle de découvrir, d'après les circonstances, si les parties avaient réellement eu l'intention de nover la première obligation. Aussi, dans une foule de cas, des doutes sérieux s'élevaient à cet égard, et le juge était fort embarrassé pour se prononcer en connaissance de cause. Justinien, pour remédier à ces inconvénients et empêcher ces difficultés d'interprétation de se reproduire à l'avenir, Justinien, disons-nous, par la constitution 8 au Code, de notre titre, décida qu'il n'y

---

(1) L. 8, § 3, de nov., D., xlvi. 2.

aurait novation que lorsque les parties contractantes auraient formellement exprimé qu'elles éteignaient la première obligation pour s'en tenir à la seconde. A défaut de cette manifestation spéciale de volonté, l'obligation primitive continuait de subsister et la seconde venait s'y réunir, de sorte que le créancier avait deux actions au lieu d'une. Si nous trouvons au Digeste quelques textes (1) qui parlent de la nécessité d'une déclaration expresse de la volonté de nover, nous ne devons pas en conclure que cette nécessité existait avant Justinien, mais que les expressions : *si specialiter expresserit* de la loi 58, *si specialiter agit* de la loi 31, § 1, sont dues à des interpolations par lesquelles Tribonien a voulu mettre ces textes en harmonie avec la nouvelle constitution.

Le sens et la portée de cette constitution ont donné lieu, entre les interprètes, à une vive controverse. Les uns ont refusé d'admettre que Justinien ait voulu déroger à la règle *eadem vis est taciti ac expressi*, et ont prétendu qu'en faisant cette constitution le but de l'empereur avait été seulement de poser ces deux principes : 1° que la novation ne se présumerait pas; 2° que ce n'était pas à des décisions rendues à l'avance mais à la volonté des parties qu'il fallait s'en rapporter pour reconnaître son existence : *voluntate esse non lege novandum* (2). En conséquence, selon ces jurisconsultes, il n'est pas nécessaire, même sous l'empire de la nouvelle législation, que la volonté de faire no-

---

(1) L. 58, de verb. oblig., D., xlv, 1 ; et L. 31, § 1, de nov., D., xlvi, 2.
(2) C. 8, au Code, de nov., viii, 42.

vation soit exprimée, il suffit qu'elle résulte clairement des circonstances.

D'autres, au contraire, pensent que Justinien s'est montré plus rigoureux, et que, pour faire cesser l'abus que nous avons déjà signalé, il ne s'est pas contenté d'exiger que la volonté des parties fût constante pour décider qu'il y aurait novation, mais qu'il a fait une nécessité de la mention expresse que la première obligation serait éteinte et que la seconde seule existerait entre les parties. Nous n'hésitons pas à adopter avec Perezius (1) cette dernière opinion. Sans cela, il nous est impossible de comprendre l'utilité de la constitution, le changement qu'elle a opéré dans l'état du droit, et le remède qu'elle a apporté aux difficultés nombreuses qui s'élevaient chaque jour dans la pratique; il suffit de se reporter aux Institutes pour voir les motifs qui portèrent Justinien à promulguer sa constitution. N'est-il pas clair qu'il a senti le besoin d'innover, et comme il le dit lui-même : *veteris juris ambiguitates resecare !* N'est-ce pas ce qui ressort évidemment du passage suivant : « Sed cum hoc quidem inter veteres « constabat, tunc fieri novationem cum novandi ani- « mo in secundam obligationem itum fuerat, per hoc « autem dubium erat quando novandi animo videre- « tur hoc fieri et quasdam de hoc presumptiones « alii in aliis casibus introducebant ! » Voilà le mal; voici maintenant le remède : « Inde nostra pro- « cessit constitutio quæ apertissime definivit tunc « solum novationem fieri quotiens hoc ipsum inter « contrahentes expressum fuerit, quod propter nova-

---

(1) Ad hunc titulum, n° 12.

« tionem prioris obligationis convenerunt : alioquin
« manere et pristinam obligationem, et secundam ei
« accedere, ut maneat ex utraque causa obligatio,
« secundum nostræ constitutionis definitionem quam
« licet ex ipsius lectione apertius cognoscere (1). »

§ 4. — Des personnes qui peuvent nover.

Malgré la réunion des trois éléments que nous
avons déjà indiqués comme nécessaires à la formation
d'une novation, à savoir : l'existence de deux obligations dont l'une vient remplacer l'autre, et l'intention
de nover ; la novation ne peut se produire que si les
parties contractantes ont le pouvoir de la faire. Nous
avons donc à examiner maintenant quelles personnes
jouissent de cette faculté et quelles sont celles, au
contraire, qui à raison de leur situation de dépendance
et de minorité, ou pour des causes particulières, en
sont déclarées incapables. A cet égard nous devons
distinguer celles qui stipulent à l'effet de nover de
celles qui promettent dans le même but.

Parlons d'abord des premières. La règle générale
en cette matière nous est indiquée par la loi 10 de
notre titre, qui nous apprend que celui qui peut recevoir un payement, peut faire novation. Mais cette
règle, malgré ou peut-être à cause de sa généralité,
souffre de nombreuses exceptions qu'il est nécessaire
d'énumérer. La première est relative à l'*adjectus solutionis gratia* (2). Qu'est-ce en effet qu'un *adjectus solutionis gratia ?* C'est purement et simplement un
mandataire du créancier qui a pour mission seule-

---

(1) Inst., § 3, in fine, L. III, tit. XXIX.
(2) L. 10, de nov., D., XLVI, 2.

ment de recevoir un payement (1). Or ce sont choses bien différentes que recevoir un payement et faire novation ! Dans le premier cas, on obtient la réalisation complète et intégrale de son droit ; dans le second, au contraire, on ne reçoit qu'une créance soumise à toutes les éventualités de la fortune du débiteur. L'*adjectus* doit donc se renfermer strictement dans les limites de son mandat. C'est le même motif qui nous fait dire avec l'empereur Gordien (2), que celui qui a reçu le mandat spécial de percevoir le montant d'une créance, ne pourra pas faire novation de cette créance. Lui reconnaître ce droit, c'eût été lui donner le pouvoir de compromettre la position du créancier, puisque, ainsi que nous le verrons bientôt, la novation éteint tous les accessoires qui venaient garantir la première dette.

C'est par le même motif encore que ceux qui sont sous la puissance d'autrui ne peuvent pas nover. Ainsi le fils de famille, qui peut recevoir le payement des sommes par lui prêtées, n'a pas pour cela le pouvoir de faire novation (3). De même l'esclave ne peut pas nover une obligation de son pécule sans le consentement de son maître, quoiqu'il eût pu en recevoir le payement ; et en stipulant *animo novandi,* il acquiert plutôt une nouvelle créance qu'il n'éteint l'ancienne (4).

---

(1) S'il diffère du mandataire ordinaire, c'est en ce sens seulement qu'il est censé être intervenu pour la commodité du débiteur, et qu'en conséquence il ne peut pas être révoqué au gré du mandant seul.

(2) C. 4, au Code, de nov., viii, 42.

(3) L. 23, 25, de nov., D., xlvi, 2 ; et L. 27, de pactis, D., ii, 14.

(4) L. 16, de nov., D., xlvi, 2.

Si quelqu'un stipule sans mandat avec intention de nover, nous devons dire que par la ratification subséquente du créancier la novation peut devenir valable, car cette ratification équivaut à un mandat (1).

A ces personnes qui ne peuvent nover les créances d'autrui, parce qu'elles n'ont pas reçu du créancier un mandat suffisant, nous ajouterons celles qui n'ont pas la capacité nécessaire pour nover leurs propres créances. Ainsi, le pupille ne peut pas nover *sine tutoris auctoritate* (2). La stipulation par lui faite n'éteindra pas l'ancienne obligation et le promettant n'en sera pas moins obligé. Mais comme il y aurait iniquité à permettre au pupille d'exiger deux fois la même chose, le juge ne peut condamner le débiteur à payer le montant de la première obligation, qu'autant que le demandeur l'aurait, par acceptilation, libéré de la seconde (3). Le prodigue interdit ne peut pas non plus faire novation de son obligation, lorsque sa condition n'en est pas rendue meilleure (4). Nous donnerons la même solution à l'égard du mineur de vingt-cinq ans pourvu d'un curateur, puisque seul il ne peut pas recevoir un payement (5), et puisqu'il est assimilé au prodigue interdit (6).

Maintenant que nous avons énuméré toutes les personnes qui ne peuvent pas faire novation, nous devons enfin nous demander qu'elles sont celles qui

---

(1) L. 22, de nov., D., xlvi, 2.
(2) L. 20, § 1, de nov., D., xlvi, 2.
(3) L. 9, de nov., D., xlvi, 2.
(4) L. 3, de nov., D., xlvi, 2.
(5) L. 7, § 3, dé min. xxv annis, iv, 4.
(6) C. 3, au Code, de in integ. rest., ii, 22.

peuvent nover? Nous trouvons d'abord le créancier *sui juris* et jouissant de tous ses droits. Maître absolu de sa créance, il peut en faire tel usage qu'il lui plaira et en disposer à son gré. Si le créancier est incapable, les personnes qui le représentent légalement peuvent le remplacer dans cette opération. Ainsi, le tuteur peut faire novation de la créance de l'impubère (1); le curateur a le même droit relativement à celle du furieux et du prodigue (2), pourvu, bien entendu, que dans ces deux derniers cas l'opération soit avantageuse aux incapables. L'interdit aura aussi la faculté de nover lorsque *meliorem suam condicionem fecerit* (3).

Nous devons également reconnaître ce droit au *procurator in rem suam*, puisqu'il n'a de comptes à rendre à personne; au mandataire qui reçoit un mandat spécial à cet effet, puisqu'il ne fait qu'agir par ordre du créancier (4); et enfin, au *procurator omnium bonorum* (5). Cette dernière décision se trouve confirmée par le jurisconsulte Paul, qui nous dit formellement : « procurator cui generaliter libera administratio « rerum commissa est, potest exigere, aliud pro alio « permutare (6). »

De ce principe découle naturellement la conséquence que les fils de famille ou les esclaves qui ont la libre administration de leur pécule peuvent nover les créances comprises dans ce pécule (7). Cependant,

---

(1) L. 20, § 1, de nov., D., XLVI, 2.
(2) L. 34, § 1, de nov., D.
(3) L. 3, de nov., D.
(4) Pauli sent., L. V, t. VIII, de nov. in fine.
(5) L. 20, § 1, de nov., D., XLVI, 2.
(6) L. 58, de proc., D., III, 3.
(7) L. 48, § 1, de peculio, D., XV, 1.

ce droit est limité et ne va pas jusqu'à leur permettre de faire une donation. La *libera administratio,* si large qu'elle soit, n'autorise pas les libéralités. Donner, en effet, est le contraire d'administrer. Aussi, Gaïus nous dit-il avec raison : « Si alium jubeant stipulari, inte-
« rest, utrum donandi animo alium jubeant stipulari,
« an ut ipsi filio, servove negotium gerat : quo nomine
« etiam mandati actio peculio adquiritur (1). »

Il nous reste à traiter une question sur la solution de laquelle deux jurisconsultes Romains semblent en complète contradiction ; c'est celle de savoir si un *correus stipulandi* peut faire seul novation de la créance commune, et si cette novation peut nuire aux autres. Paul semble soutenir la négative dans la loi 27 *de pactis,* où il dit : « … nam nec novare alium (ex
« argentariis sociis) quamvis ei recte solvitur. Idem-
« que in duobus reis stipulandi dicendum est. » ; tandis que Venuleius, dans la loi 31, § 1 de notre titre, se prononce formellement pour l'affirmative : « Si
« unus ab aliquo stipuletur, novatione quoque libe-
« rare cum ab altero poterit. » Quelques interprètes n'hésitent pas à admettre que Paul et Venuleius diffèrent d'opinions sur cette question, et ils suivent l'une ou l'autre, suivant les cas. Si les *correi stipulandi* sont *socii,* ils refusent à l'un d'eux, avec la loi 27, le droit de faire novation, et le lui accordent, au contraire, avec la loi 31, s'il n'existe pas de société entre eux. La raison de cette différence est que, s'ils sont *socii,* ils sont censés être à l'égard les uns des autres des mandataires spéciaux pour recevoir ; tandis

---

(1) L. 84, pr., de nov., D., XLVI, 2.

que, s'ils ne sont pas *socii*, ils n'ont pas de comptes à se rendre réciproquement et peuvent en conséquence disposer à leur gré de l'obligation.

Quant à nous, nous repoussons cette distinction, car les termes qu'emploie Venuleius sont trop généraux pour faire supposer son existence, et nous préférons, de beaucoup, l'opinion de ceux qui pensent que l'un de ces créanciers pouvait nover la créance commune, qu'il y ait eu ou non contrat de société ; puisque chacun d'eux pouvait demander la totalité de la dette, en poursuivre le payement, le recevoir, ou faire acceptation pour le tout ; et c'est, en effet, l'argument qui décide Venuleius. La seule différence qui existera entre les deux cas consiste en ce que, s'il y a société entre les deux cocréanciers, et que l'un d'eux éteigne la créance commune par acceptilation ou novation, son cocréancier lui demandera, par l'action *pro socio*, l'intérêt qu'il avait à ce que cette extinction n'eût pas lieu, tandis qu'il n'aurait aucun recours s'ils n'étaient pas associés. Maintenant devons-nous voir nécessairement dans le texte de Paul une décision contraire ? Nous ne le croyons pas. Paul ne s'est, en effet, nullement préoccupé de la question de savoir si l'un des banquiers avait ou non le pouvoir de faire novation ; il a voulu seulement poser en principe qu'il ne pouvait pas faire un pacte *de non petendo* au préjudice de ses coassociés, bien qu'ayant le droit d'exiger la totalité de la dette ; et cette décision il l'étend aux créanciers solidaires, *idem in duobus reis stipulandi dicendum est.* Il faut donc par la pensée transporter ce membre de phrase de la fin du *principium*, où il est relégué, à la suite des mots *ut solidum alter petere possit.* Paul, après avoir exprimé son opinion, qui peut paraître singulière, la fortifie de l'autorité de Labéon qui disait, lui aussi, qu'il y avait des personnes qui pouvaient recevoir un payement sans avoir pour cela le droit de nover la créance, et que de ce nombre étaient les fils de famille et les esclaves. Le jurisconsulte Paul en tire cette conséquence logique, que du fait qu'un des banquiers peut recevoir le payement, il ne faut pas nécessairement conclure qu'il peut faire un pacte de remise, puisqu'il y a des personnes qui peuvent recevoir le payement et ne peuvent nover, quoique cependant il y ait plus d'analogie entre le payement et la novation qu'entre le payement et le pacte de remise. Les mots *nec novare alium possit, quamvis ei recte solvatur,* ne veulent donc pas dire que l'un des créanciers ne peut pas faire novation, mais qu'un individu quelconque, pris abstractivement, peut n'avoir pas la faculté de nover, quoiqu'ayant celle de recevoir le payement; cette interprétation, professée par Voët (1), et à laquelle Pothier (2) semble donner son adhésion, fait ainsi cesser toute antinomie entre les deux lois. Mais cette difficulté une fois résolue, on peut encore se demander comment il se fait que l'un des banquiers ou des créanciers solidaires ne puisse pas faire un pacte *de non petendo* opposable à ses cointéressés, lorsqu'on lui reconnaît le droit de faire novation de sa créance? Ne semble-t-il pas que la décision devait être la même dans les deux cas, puisqu'il s'agit en définitive, dans l'un comme dans

---

(1) Ad. Pand., de duobus reis, n° 5.
(2) Ad. Pand., de pactis, n° 45, note 5.

l'autre, d'éteindre la dette. Mais cette différence s'explique quand on songe à la diversité des résultats produits, d'après les principes rigoureux du droit romain, selon qu'il y avait pacte ou novation. Dans ce dernier cas, il y a emploi d'un mode d'extinction agissant *ipso jure*, la dette est éteinte d'une manière absolue envers et contre tous, puisque le créancier qui l'a novée avait le droit d'en disposer. Le pacte, au contraire, ne tient pas lieu de payement, il ne détruit pas l'obligation de plein droit, il donne seulement au débiteur libéré une exception pour repousser la demande; et on comprend très-bien que cette exception ne puisse être opposée qu'à celui qui a été partie dans la convention et ne nuise pas à ceux qui y sont restés étrangers; d'ailleurs le pacte *de non petendo* est une innovation prétorienne, et l'on ne doit pas être étonné de voir tenir sur le terrain du droit prétorien plus de compte de l'équité que sur celui du droit civil, de l'*ipsum jus*. Ainsi, Paul ne nie pas que l'un des créanciers solidaires puisse nover ; il dit seulement que le *correus stipulandi socius* ne peut pas faire un pacte *de non petendo* au préjudice de son coassocié, et que ce pacte, fût-il *in rem*, ne produira pas contre ce dernier l'exception *pacti conventi*.

Si le nombre des personnes qui peuvent stipuler *animo novandi* est assez restreint, il n'en est pas de même de celui des personnes qui peuvent promettre dans le même but. Cette extension donnée dans ce second cas est facile à comprendre, car la conséquence des deux actes est bien différente. Permettre aux incapables de faire novation en stipulant, ç'eût été les exposer à compromettre leurs intérêts en éteignant leurs créances, tandis que l'on a pu, sans danger pour eux, leur laisser jouer le rôle de promettant, car par ce fait ils rendent leur condition meilleure, puisqu'ils éteignent une obligation civile dont ils étaient tenus pour la remplacer par une obligation simplement naturelle. Il suffit, en effet, pour qu'il y ait novation, que l'obligation nouvelle soit valable naturellement. C'est ainsi qu'aux termes de la loi 20, § 1 de notre titre, le pupille est réputé incapable de nover, tandis que nous voyons dans la loi 1, § 1, que l'obligation contractée par lui suffit pour nover une dette antérieure. La divergence de ces deux lois tient à ce qu'elles envisagent le pupille sous les deux aspects de créancier et de débiteur. D'ailleurs le stipulant qui a contracté avec le pupille est en faute, et ne peut s'en prendre qu'à lui-même de s'être contenté de la promesse d'un incapable.

Nous dirons enfin que si le créancier peut seul nover sa créance, toute personne peut, au contraire, nover la dette d'un tiers en promettant de payer ce que celui-ci devait. Cette décision, du reste, n'est qu'une conséquence de ce principe : *Solvere pro ignorante et invito cuique licet* (1). La novation est une espèce de payement, puisque comme le payement elle satisfait le créancier.

§ 5. — Des effets de la novation.

La novation valablement faite produit, ainsi que nous l'avons déjà vu, un double résultat : extinction

---

(1) L. 53 et 91, de sol., D., XLVI, 3.

de l'ancienne obligation, « jure novationis vetustior « contractus evanuit » (1), et création d'une nouvelle dette qui est substituée à la première (2). Cette obligation étant éteinte, toutes les garanties qui en assuraient l'exécution disparaissent avec elle en vertu de ce principe, que l'on ne comprend plus l'existence des accessoires, lorsque le principal a cessé d'exister. Sans fondements, point d'édifice. En conséquence « nova« tione legitime facta, liberantur hypothecæ et « pignus » (3), à moins qu'on ne fût convenu que le gage resterait affecté à la nouvelle obligation (4).

Il pouvait arriver qu'une chose hypothéquée à un premier créancier, le fût ensuite à un second, et qu'une novation avec réserve des hypothèques intervînt entre le premier créancier et son débiteur. Il y avait alors lieu à se demander quelle serait la position de ce créancier, et s'il conserverait son rang. La loi 3, pr. D., *qui potiores in pignore*, répond à cette question, en disant qu'il n'éprouvera aucun changement dans sa situation, parce qu'il est censé se succéder à lui-même. Mais si, dans cette hypothèse, il devient par suite de la novation créancier pour une somme plus forte que celle qui lui était due primitivement, il devra sur le prix de vente de la chose hypothéquée ou donnée en gage retenir seulement le montant de la première créance, et rendre au créancier postérieur ce dont ce prix excède le chiffre de

---

(1) C. 2, au Code, de nov., viii, 42.
(2) L. 1, de nov., D., xlvi, 2.
(3) L. 18, de nov., D., xlvi, 2.
(4) L. 11, § 1, de pig. act., D., xiii, 7.

cette créance (1). D'après les mêmes principes, les créanciers postérieurs pourraient exercer le *jus offerendæ pecuniæ*, en offrant seulement le montant de la première créance. On comprend, en effet, que s'il en était autrement l'équité serait profondément blessée, et que les droits des tiers pourraient être gravement compromis, puisqu'il ne dépendrait que de l'entente du débiteur et de son premier créancier pour les rendre illusoires.

La loi 29 de notre titre nous apprend que les priviléges accordés à la femme pour la restitution de sa dot, et au mineur pour le reliquat de son compte de tutelle, s'évanouissaient également, lorsque la femme après son divorce, ou le pupille après sa puberté, avaient stipulé, avec intention de nover, ce qui leur était dû par le mari ou par le tuteur.

Par le fait de la novation, les fidéjusseurs sont aussi libérés, pourvu, bien entendu, qu'ils n'aient pas cautionné la nouvelle obligation (2). Les intérêts cessent de courir (3); ils ne peuvent plus être dus, en effet, lorsque le capital lui-même a cessé de l'être, puisqu'ils n'étaient que la représentation numérique de l'avantage procuré au débiteur par l'usage de la somme prêtée.

La clause pénale n'étant qu'une qualité adjective de la créance, disparaît avec elle; en conséquence, si un créancier a stipulé une peine pour le cas où il ne serait pas payé au jour fixé, et qu'il ait ensuite fait

______

(1) L. 12, § 5 et L. 20, qui pot. in pig., D., xx, 4.
(2) C. 4, au Code, de fidej. et mand., viii, 41.
(3) L. 18, de nov., D., xlvi, 2.

novation; la peine stipulée ne sera pas encourue par le défaut de payement au terme indiqué (1).

La novation est très-avantageuse pour le débiteur, car elle fait cesser le danger qui pouvait résulter pour lui de la négligence qu'il avait mise à exécuter son obligation, en purgeant la demeure dans laquelle il se trouvait : « Si Stichum dari stipulatus fuerim et « cum in moram promissor esset quominus daret, « rursus eundem stipulatus fuero : desinit periculum « ad promissorem pertinere, quasi mora purga- « ta. » (2) Ce résultat serait produit même par une novation conditionnelle, c'est ce que nous dit encore Ulpien (3), d'après l'opinion de Marcellus (4). En conséquence, si Stichus, qui était dû purement et simplement, est devenu l'objet d'une stipulation conditionnelle faite *animo novandi*, alors que le débiteur était en demeure de le livrer, et qu'il soit mort avant l'arrivée de la condition; quoique, par la suite de cette mort, la novation ne puisse pas s'accomplir, puisque l'objet de la seconde obligation n'existait plus au moment de l'arrivée de la condition, la demeure n'en sera pas moins purgée, et le débiteur à l'abri de toute poursuite. La raison en est qu'on peut considérer la promesse faite par ce débiteur à une stipulation même conditionnelle, comme une satisfaction dont a bien voulu se contenter le créancier : « nam verum est « eum qui interpellatus dare noluit, offerentem postea

---

(1) L. 15, de nov., D., xlvi, 2.
(2) L. 8, pr., eod. tit.
(3) L. 14, pr., eod. tit.
(4) L. 72, § 1, de sol., D., xlvi, 3.

« periculo liberari » (1). Mais pour qu'il en soit ainsi, il faut, d'après Marcellus, que le débiteur fût en état d'offrir la chose promise au moment de la seconde stipulation; d'où il suit que, si Stichus (pour rester dans l'hypothèse que nous venons d'examiner) se trouvait absent au moment de cette stipulation, la demeure ne serait pas purgée; de sorte que sa mort avant l'accomplissement de la condition, empêchant la novation de se produire, son estimation serait due par le débiteur, en vertu de la première obligation, à moins que celui-ci ne parvînt à prouver que l'esclave eût également péri chez le créancier : « Si tamen
« cum in provincia forte servus esset, intercesserit
« stipulatio, et priusquam facultatem ejus nancisce-
« retur promissor, decessisse servum : non poterit
« rationi, quam supra reddidimus, locus esse : non
« enim obtulisse eum propter absentiam intelligi
« potest » (2).

Cette distinction de Marcellus n'était pas fondée en raison. Qu'importe que le débiteur eût la chose due sous la main ou non ? Dans l'un comme dans l'autre cas, le créancier n'a pas exigé le payement et s'est contenté de stipuler conditionnellement Stichus qui lui était déjà dû. Cette satisfaction lui a paru suffisante. En conséquence, la demeure est purgée : « Debitorem
« cum stipulanti creditori sub conditione promisit,
« non videri in solutione hominis cessasse » (3). Aussi Ulpien admet la *purgatio moræ*, sans faire au-

---

(1) L. 72, § 1, de sol., D., XLVI, 3.
(2) L. 72, § 3, in fine, de solut., D., XLVI, 3.
(3) L. 72, § 1, de sol., D., XLVI, 3.

cune distinction (1), et celle de Marcellus est formellement repoussée par Papinien, dans la loi 17, D., *de condictione furtiva.*

Venuleius (4) examine la même espèce qu'Ulpien et Marcellus, et on a cru voir dans son texte une antinomie avec les textes cités des deux autres jurisconsultes. On a prétendu que Venuleius n'admettait pas que la novation conditionnelle eût pour effet la *purgatio moræ.* D'autre part, Pothier (3) prétend faire cesser l'antinomie à l'aide de la distinction faite par Marcellus, entre le cas où la chose due était présente, et d'une tradition facile, et le cas où il était impossible que le débiteur eût pu l'offrir à son créancier. Cette distinction n'ayant pas été admise par les Prudents, ce moyen de conciliation doit être repoussé. Nous croyons avec Voët (4) que Venuleius professe identiquement la même opinion qu'Ulpien et Marcellus et que, comme Ulpien et Papinien, il rejette toute distinction. Examinons, en effet, le texte de Venuleius; il commence par dire que pour que la novation s'effectue, il faudra qu'au moment de l'accomplissement de la condition apposée à la seconde stipulation, la chose promise existe encore; *nisi,* ajoute-t-il, *si per promissorem steterit, quominus daret.* Ce sont ces mots qui ont trompé Pothier; ils ne veulent pas dire : Si la chose était là, facile à livrer, mais bien tout bonnement : à moins qu'il n'y ait eu de la part du débiteur *mora* dans l'accomplissement de la première obli-

---

(1) L. 14, pr., de nov., D., XLVI, 2.
(2) L. 34, pr., de nov., D., XLVI, 2.
(3) Ad. Pand., de nov., nº 7.
(4) Ad. Pand., ad tunc tit., nº 10.

gation; car, continue le jurisconsulte, si cette *mora* a existé, la condition venant à s'accomplir, *novatio quoque fiet*, il y aura novation. Évidemment le jurisconsulte ne peut pas vouloir dire qu'il y aura là une véritable novation, puisqu'elle ne pourrait avoir lieu que par la création d'une nouvelle obligation, laquelle ne peut naître faute d'objet; il veut dire qu'il y aura novation en ce sens, qu'il y aura *purgatio moræ*. Voët donne cette explication en ces termes, parfaitement clairs :

« Quibus ita expositis, nulla pugna erit inter Ulpia-
« num et Venuleium, quippe qui asserens novationem
« factam esse in eadem facti specie, qua servus debi-
« tus post moram in novam deductus fuerat stipula-
« tionem conditionalem, hac pendente conditione
« decesserat, non aliud voluit, quam quot per illam
« secundam obligationem conditionalem mora pur-
« gata sit, quæ primæ obligationis intuitu commissa
« fuerat. »

SECTION II.

De l'expromissio.

La novation, au lieu de se produire par changement de dette, pouvait s'opérer par changement de débiteur ; cela arrivait lorsque la stipulation destinée à éteindre la première obligation intervenait, non plus entre le même créancier et le même débiteur, mais entre le créancier et un tiers dont la promesse libérait l'ancien débiteur.

Cette substitution de débiteur pouvait s'accomplir de deux manières différentes : le tiers pouvait, en effet, se présenter de lui-même et s'obliger de son propre mouvement, il y avait alors *expromissio*; ou bien il pouvait être offert au créancier par l'ancien débiteur lui-même, ce qui constituait la délégation dont nous traiterons à la section suivante.

L'*expromissor* est donc le nouveau débiteur qui vient prendre la place de l'ancien, sans le concours de celui-ci. De même qu'un tiers peut payer la dette d'autrui, de même, si le créancier y consent, il peut la nover. Nous disons le créancier, parce que la volonté ou l'adhésion de l'ancien débiteur était complètement inutile, et qu'il pouvait être libéré même malgré lui (1). Cette différence entre le créancier et le débiteur se comprend sans peine. Il eût été inique, en effet, de pouvoir forcer le créancier à échanger une créance sur un débiteur de son choix, qui lui présente des garanties de solvabilité, contre une créance sur un tiers qui n'offrirait pas les mêmes sûretés; tandis que la libération du débiteur opérée malgré son opposition ne présente pas d'inconvénients. Cette possibilité de se passer du consentement du débiteur, offre même aux créanciers un moyen de remettre leurs dettes aux débiteurs qui s'y refusent. « Si debitor « tuus non vult a te liberari, et præsens est : non « potest invitus a te solvi, » avait dit Labéon (2); et Paul indique une voie détournée pour arriver à ce résultat, *supponendo a quo debitum novandi causa stipuleris;* seulement, lorsque les choses se passent de la sorte et que l'*expromissio* n'a lieu que pour faciliter une libé-

---

(1) L. 8, § 5, de nov., D., XLVI, 2.

(2) L. 91, de solut., D., XLVI, 3.

ralité, il ne faut pas que le créancier, revenant sur ses intentions généreuses, puisse agir contre l'*expromissor*. Aussi le texte ajoute-t-il : « Quod etiamsi « acceptum non faceris, tamen statim quod a te atti- « net, res peribit. Nam et petentem te, doli mali « præscriptio excludet. » C'est donc une question de fait que celle de savoir si le créancier pourra ou non poursuivre l'*expromissor*; cependant, comme les libé-ralités ne se présument pas, ce dernier n'opposerait victorieusement l'exception de dol, qu'autant qu'il prouverait que l'intention du créancier a été de libérer indirectement son débiteur.

Un seul *expromissor* peut, par une promesse unique, opérer novation de plusieurs obligations et libérer plusieurs débiteurs, ce qui a lieu lorsqu'il promet de payer ce que doivent ces divers débiteurs. Peu importe même que leurs obligations aient des causes différentes, elles n'en sont pas moins trans-portées sur la personne du nouveau débiteur (1).

Quelquefois c'est une question délicate que celle de savoir si les parties ont voulu éteindre deux obliga-tions, ou en éteindre une seule. Neratius (2) s'est posé la difficulté : « Te hominem et Seium mihi dare « oportet : stipulor ab altero, novandi causa, ita : « *quod te aut Seium dare oportet*; » et il répond avec Paul qu'il y aura novation, « quia utrumque in pos- « teriorem deducitur stipulationem. » Ulpien (3), dans une espèce à peu près semblable, conclut, au con-

---

(1) L. 34, § 2, de nov., D., xlvi, 2.
(2) L. 32, de nov., D., xlvi, 2.
(3) L. 8, § 4, de nov., D., xlvi, 2.

traire, d'après Marcellus, qu'il n'y aura pas novation
des deux obligations : « Si decem qui mihi Titius debet,
« a tertio stipulatus fuero : putat Marcellus neutrum
« liberari : sed Tertium elegere posse, pro quo decem
« solvere velit. »

Quelle sera donc la raison de décider; le *criterium*
en cette matière? Celse (1) nous l'enseigne ; ce sera
l'intention des parties. Il dit, en effet, que dans l'espèce ci-dessus, il n'y aura pas novation si le promettant n'a entendu promettre que la dette de l'un ou de
l'autre débiteur, car autrement les deux dettes ont
été comprises dans la même stipulation, et il s'est
opéré une double novation.

L'*expromissor* peut promettre ou ce qui était dû par
l'ancien débiteur, ou une chose différente. Dans ce
dernier cas, il y aura novation et par changement de
de dette et par changement de débiteur.

Si l'*expromissor* n'a fait qu'une promesse conditionnelle et que la condition vienne à manquer, la premère
obligation subsistera et le créancier pourra poursuivre son premier débiteur sans avoir à craindre d'être
repoussé par l'exception *pacti conventi*; c'est du reste
ce que nous dit Gaius : « Si sub conditione stipulatus
« fuerim a te quod Titius mihi pure deberet, an defi-
« ciente conditione, si a Titio petam, exceptione pacti
« conventi et possim et debeam summoveri ? Magis est,
« exceptionem non esse opponendam (2). » Nous avons
vu qu'il en serait autrement si la stipulation était in-

---

(1) L. 26, de nov., D., XLVI, 2.
(2) L. 30, § 2, de pactis, D., II, 14.

tervenue entre le même créancier et le même débiteur.

Il pouvait arriver que la dette du débiteur primitif
fût garantie par des hypothèques, il y avait lieu alors
de se demander si le créancier, en stipulant d'un nouveau débiteur, pouvait se réserver ses hypothèques
sans le consentement de celui qui les avait constituées.
Quelques auteurs ont cru trouver la réponse à cette
question dans la loi 30 de notre titre : « Paulus res-
« pondit, si creditor a Sempronio novandi animo sti-
« pulatus esset, ita ut a prima obligatione in univer-
« sum discederetur : rursum easdem res a posteriore
« debitore sine consensu prioris obligari non posse. »
Et ils ajoutent qu'on comprend parfaitement que le jurisconsulte s'en soit expliqué, car on aurait pu croire
la réserve des hypothèques possible sans le consentement du débiteur, puisqu'il résulterait toujours pour
lui, de la novation, l'avantage d'être libéré de l'obligation personnelle et de n'être plus tenu qu'en qualité
de tiers détenteur.

Mais d'autres interprètes (1) donnent à la loi 30 un
tout autre sens ; d'après eux, cette loi suppose que la
première obligation avit été éteinte *in universum*, sans
réserve aucune, et elle décide que le nouveau débiteur ne peut pas de nouveau, *rursum*, hypothéquer les
mêmes choses, sans le consentement de leur propriétaire, c'est-à-dire de l'ancien débiteur. Paul se borne
ici à faire l'application d'un principe de droit commun, à savoir : que le propriétaire seul peut hypothéquer sa chose. Mais on aurait pu croire que, dans l'es-

---

(1) Toullier, t. vii, n°° 312 et 313 ; M. Bugnet sur Pothier, t. ii, n° 599, note 1.

pèce, ce principe n'était pas applicable, puisque le débiteur ne semble guère pouvoir se plaindre de cette nouvelle hypothèque sur les biens déjà hypothéqués avant l'intervention de l'*expromissor*, et voilà pourquoi Paul s'en est expliqué. Notre loi ainsi comprise, loin de répondre négativement à notre question, fournirait un argument *a contrario* pour l'affirmative.

Nous acceptons pleinement cette interprétation, et nous décidons que le créancier pouvait, sans le consentement de l'ancien débiteur, se réserver les hypothèques qu'il avait sur ses biens. Il est vrai que l'argument *a contrario* tiré de la loi 30, interprétée comme nous l'avons fait, ne prête pas un grand appui à cette décision, mais elle se défend assez par cette considération que, le texte qu'on lui opposait disparaissant, il ne reste aucun principe de droit qui lui soit contraire.

Comme dans l'*expromissio*, un tiers vient s'obliger pour autrui, en substituant sa propre obligation à celle du débiteur primitif ; il en résulte qu'il faut voir dans cette convention un cas d'*intercessio*. Nous en conclurons donc que la femme, à cause des prohibitions protectrices du sénatus-consulte Velleien, ne pouvait pas valablement se porter *expromissor* pour un tiers, et que si elle s'était obligée dans ce but, elle pouvait toujours repousser le créancier par l'exception tirée du sénatus-consulte ou même répéter par la *condictio indebiti* ce que, dans l'ignorance du secours qui lui était offert, elle aurait payé pour acquitter sa dette. Dans les principes rigoureux, le créancier aurait, en stipulant de la femme, perdu sa créance primitive, sans en acquérir une nouvelle ; mais on avait admis cependant le contraire, et on considérait dans ce cas la première obli-

gation comme toujours existante : « A prætore resti-
« tuitur prior debitor creditoris (1). »

Nous avons vu que par sa promesse l'*expromissor*
éteignait la dette du débiteur, et qu'il pouvait le libérer ainsi, non-seulement lorsque ce débiteur y con-
sentait, mais à son insu et même malgré lui. Cette circonstance n'exerce aucune influence sur l'*expromissio*
considérée en soi, c'est-à-dire dans les rapports du
débiteur libéré et de son ancien créancier, elle produira toujours les mêmes effets; mais il en sera tout
autrement lorsqu'il s'agira de régler la position de ce
débiteur libéré à l'égard de l'*expromissor*. Il impor-
tera alors beaucoup de savoir s'il y a eu adhésion ou
non de sa part à l'engagement de ce dernier. Si l'*expromissor*, en effet, a agi au vu et au su du débiteur, il
sera considéré comme son mandataire, et pourra intenter contre lui pour se faire restituer ce qu'il aura
payé, l'action *mandati contraria*. S'il a agi à l'insu de
ce débiteur, il n'aura que l'action *negotiorum gestorum
contraria*; et enfin, s'il s'est obligé malgré la volonté
de ce débiteur, il n'aura aucune voie de recours, et
sera censé lui avoir fait une libéralité.

Si un débiteur, sans en avoir reçu l'ordre de son
créancier, était venu s'obliger vis-à-vis d'un créancier de ce créancier, il n'y eût pas eu délégation, mais
simplement *expromissio*. Ce débiteur aurait donc libéré
son créancier et serait resté obligé vis-à-vis de lui;
mais par suite de son *expromissio* il aurait eu l'action
negotiorum gestorum contraria contre ce créancier, et

---

(1) L. 16, ad S.-C. Velleianum, D., xvi. 1.

après l'édit de Marc-Aurèle, il aurait pu, à l'aide de l'*exceptio doli*, opposer la compensation.

SECTION III.

De la délégation.

Si l'*expromissio* était rare dans la pratique, car on trouve peu de personnes disposées à venir, de leur propre mouvement, s'obliger pour libérer un tiers; la délégation, au contraire, dont il nous reste à nous occuper, était d'un usage très-fréquent. Elle présente, en effet, dans ses résultats, une utilité très-grande, en simplifiant les rapports d'obligation qui pouvaient exister entre différentes personnes. Qu'est-ce donc que la délégation? La loi 11 de notre titre nous en donne la définition : « Delegare est vice sua alium « reum dare creditori, vel cui jusserit. » Il y a donc, comme dans l'*expromissio*, novation par changement de débiteur; seulement c'est l'ancien débiteur qui fournit lui-même ce nouveau débiteur à son créancier. Cette délégation peut avoir lieu pour profiter à une autre personne que le créancier, mais que celui-ci désigne comme devant le remplacer; celui qui donne à un autre mandat de s'obliger prend le nom de délé- gant, le promettant celui de délégué, et le stipulant celui de délégataire. Dans la pratique, le délégant dé- signe ordinairement à son créancier son propre débi- teur, de sorte que, par une simple stipulation, on arrive à éteindre deux obligations : celle qui existait entre le délégataire et le délégant, et celle qui existait entre ce même délégant et le délégué. Dans cette hypothèse la novation s'opère donc tout à la fois par changement de créancier, — le délégant cessant d'être créancier du délégué pour céder sa place au délégataire, — et par changement de débiteur, — le délégué remplaçant le délégant comme débiteur du délégataire. — Ce qui contribuait à rendre la délégation d'un usage très-fréquent, c'est qu'elle était le seul moyen de transporter réellement et effectivement une créance d'une personne à une autre. C'est ce que nous apprend Gaius; « ... quod mihi ab alio debetur, id si velim « tibi deberi, nullo eorum modo, quibus res corporales « ad alium transferuntur, id efficere possum, sed opus « est, ut jubente me tu ab eo stipuleris : quæ res effi- « cit ut a me liberetur, et incipiat tibi teneri ; quæ « dicitur novatio obligationis (1). » Quoique la cession d'action produise un résultat analogue à la délégation, il faudrait se garder de la confondre avec elle. Dans la cession d'actions, l'obligation cédée n'est pas éteinte pour être remplacée par une nouvelle, c'est toujours la même qui subsiste et le débiteur ne se trouve pas libéré à l'égard du cédant comme dans la délégation (2). Il n'y avait qu'une transmission imparfaite de la créance, ainsi que nous le dit encore Gaius : « Sine hac vero novatione non poteris tuo nomine « agere, sed debes ex persona mea quasi cognitor aut « procurator meus experiri. » Il est vrai que ce *procurator* n'avait pas de comptes à rendre, qu'en exerçant l'action il faisait sa propre affaire, *rem suam*, et que le profit devait lui en rester; mais le cédant n'en de-

___

(1) Com. ii, § 39.
(2) C. 3, au Code, de nov., viii, 42.

meurait pas moins créancier (1), et c'était au nom de
ce cédant que le cessionnaire devait agir. Et si, avec
le temps, on arriva à lui donner une action utile qui
lui permettait de se présenter comme étant véritablement créancier, le débiteur cédé n'en continua pas
moins à pouvoir lui opposer les exceptions qu'il avait
contre le cédant. Il y avait encore entre la délégation
et la cession de créances d'autres différences que nous
aurons occasion de signaler dans le cours de ce travail.

§ 4. — De la forme et des éléments constitutifs de la délégation.

Nous venons de voir que la délégation se faisait par
la stipulation, elle pouvait aussi se faire *per litis contestationem* (2).

Occupons-nous d'abord du premier de ces modes.
Quand la délégation a lieu par stipulation, il faut,
pour qu'elle emporte novation, le concours des volon-
tés des trois personnes qui doivent y jouer un rôle.
Le débiteur que l'on veut déléguer est complétement
libre de se refuser à la délégation : « Nec creditoris
« creditori quisquam invitus delegari potest (3). »
Dans ce cas, la seule ressource offerte au créancier
est de céder sa créance à son propre créancier en le
faisant *mandator in rem suam*. La nécessité de la volonté du délégué constitue encore une différence entre
la délégation d'une part, et l'*expromissio* et la cession
de créance de l'autre, puisque dans celles-ci l'adhé-

------

(1) C. 3, au Code, de nov., viii, 42.
(2) L. ii, § 4, de nov., D., xlvi, 2.
(3) C. 6, au Code, de nov., viii, 42.

sion du débiteur libéré ou du débiteur cédé n'était nullement requise (1).

Dans la délégation il y a deux opérations complétement distinctes : un double mandat et un contrat verbal. Le mandat est donné par le délégant au délégataire de stipuler du délégué, et à celui-ci de répondre à l'interrogation solennelle du délégataire ; la stipulation a lieu entre le délégataire et le délégué. Ces deux opérations étant distinctes, il faut appliquer à chacune d'elles les règles qui lui sont propres. Le mandat, contrat parfait *solo consensu*, n'exige pas de formalités spéciales. On peut déléguer son débiteur par signes ou par écrit lorsqu'on est privé de la faculté de la parole (2). Le consentement du délégant à la délégation peut même, au lieu de précéder, venir après la stipulation intervenue entre son débiteur et son créancier (3). « Rati enim habitio mandato com-« paratur (4). »

Il ne suffit pas qu'une stipulation soit intervenue entre le délégué et le délégataire pour qu'il y ait novation de la créance du délégant ; il faut de plus, que l'intention d'opérer cette novation résulte des circonstances, et même, depuis Justinien, qu'elle soit formellement exprimée; conformément à la constitution 8, au Code *de novationibus*. Nous ne voyons pas, en effet, pourquoi cette constitution ne s'appliquerait pas à la délégation comme à la novation proprement

____

(1) C. 1, au Code, de nov., viii, 42.
(2) L. 17, de nov., D., xlvi, 2.
(3) L. 22, de nov., D., xlvi, 2.
(4) L. 12, § 4, de solut., D., xlvi, 3.

dite; nous ajouterons même qu'une mention expresse est peut-être plus nécessaire dans un cas que dans l'autre. Lorsqu'une stipulation concernant un objet déjà dû a lieu *inter easdem personas*, on peut facilement présumer que les parties ont eu l'intention de faire quelque chose de nouveau, tandis que lorsqu'un créancier stipule d'une tierce personne ce que lui devait son débiteur, on comprend très-bien qu'il ait eu en vue, non pas de décharger ce débiteur, mais d'augmenter ses chances de remboursement en augmentant le nombre de ses débiteurs.

La délégation pouvait être subordonnée à l'arrivée d'une condition, ce qui arrivait lorsque la seconde stipulation était elle-même conditionnelle. Dans ce cas, la libération du délégant restait *in suspenso, pendente conditione*. Mais, dans l'intervalle, le créancier ne pouvait rien demander au débiteur délégant, car celui-ci était censé lui devoir sous une condition contraire, ni au débiteur délégué, « quoniam quum incertum sit « an ex ea stipulatione deberi possit, ante tempus « petere videtur » (1).

Si le délégué est ordinairement le débiteur du délégant, il peut arriver qu'un tiers qui ne lui devait rien se laisse *donare volens* (2), déléguer par lui à son créancier. Dans cette hypothèse, la délégation n'opère novation que d'une seule obligation. Mais nous le répétons, c'est le cas le plus rare.

Toute personne qui peut nover une obligation soit en stipulant, soit en promettant, peut également jouer,

---

(1) L. 36, de rebus creditis, D., XII, 1.
(2) L. 33, de nov., D., XLVI, 2.

dans la délégation, les rôles de délégant, de délégataire ou de délégué. Mais en ce qui concerne ce dernier rôle, nous aurons à voir si le senatus-consulte Velléien ne s'oppose pas à ce que la femme puisse le remplir.

Toute chose ne peut pas faire l'objet d'une délégation, il faut que cette chose soit de nature à devenir la propriété du délégataire. C'est ce que nous dit Ulpien au sujet de l'usufruit : « Si ususfructus debitorem « meum delegavero tibi, non novetur obligatio mea : « quamvis exceptione doli, vel in factum tutus debeat « esse adversus me is, qui delegatus fuerit ; et non co- « lum donec manet ejus ususfructus, cui delegavi ; sed « etiam post interitum ejus videbimus : quia etiam « hoc incommodum sentit, si post mortem suam ma- « neat ei ususfructus ; » et il ajoute : « Hæc eadem « dicenda sunt, in qualibet obligatione personæ co- « hærenti » (1). Cependant, dans l'espèce prévue par Ulpien, la délégation, quoique n'opérant pas novation, ne reste pas sans effet, le délégant n'en a pas moins donné mandat au débiteur de l'usufruit, de constituer cet usufruit au profit du délégataire, et en consé- quence s'il voulait le réclamer il serait repoussé par l'exception *doli*, même après la mort du délégataire. Si le délégant était mort avant le délégataire, le délé- gué aurait été obligé de souffrir l'exercice de l'usu- fruit pendant toute la durée de la vie de ce dernier, il est donc équitable que, pour équilibrer les chances de gain et de perte, l'usufruit soit éteint par la mort

____

(1) L. 4, de nov., D., XLVI, 2.

de ce délégataire arrivée avant celle du délégant, C'est un aléa qui peut profiter ou nuire.

La délégation avait lieu *per litis contestationem* lorsque le débiteur poursuivi se faisait représenter par un *procurator in rem suam*. Lorsqu'au contraire, c'était le créancier qui se faisait représenter dans l'instance, le débiteur ne perdait pas, par ce fait, le droit d'opposer à ce *procurator* toutes les exceptions et moyens de défense qu'il avait contre son créancier, la créance cédée restait la même, le débiteur ne changeait pas de créancier ; seuleme... par l'effet de la *litis contestatio*, le *procurator in rem suam* acquérait un droit propre au bénéfice de la condamnation à intervenir.

Il résulte de tout ce que nous venons de dire, que la délégation était un acte purement facultatif de la part des parties. Comme exception à ce principe, nous croyons devoir citer la loi 29, D., *de liberatione legata*, qui nous présente une espèce dans laquelle nous voyons un créancier obligé de déléguer un des deux *correi promittendi* à son *correus*. Voici l'espèce : Un testateur a légué la libération à deux *correi* qui n'étaient pas *socii* et cela, par une seule et même disposition ; de telle sorte qu'ils sont *colegatarii conjuncti* ; l'un d'eux ne peut *capere ex testamento*, l'autre au contraire est capable, et de plus *liberos habet* ; de telle sorte qu'il a, en vertu des lois caducaires, le *jus caducα vindicandi*. En conséquence, il doit obtenir : 1° la libération ; 2° le bénéfice que son *correus* aurait retiré du legs s'il eût été capable, c'est-à-dire un bénéfice égal à une seconde libération ; d'où il suit que l'héritier devra lui déléguer son codébiteur.

§ 2. — Des effets de la délégation.

Pour déterminer les effets produits par la délégation, il est nécessaire de distinguer les deux cas qui peuvent se présenter : 1° celui ou le délégataire est créancier du délégant ; 2° celui où le débiteur a été délégué par le délégant *animo donandi*.

Prenons d'abord le cas le plus ordinaire, celui où c'est un débiteur qui délègue son propre débiteur à son créancier. Par le fait de la délégation, il y aura novation de deux obligations qui seront éteintes avec tous leurs accessoires. Nous ne pourrions répéter ici que ce que nous avons déjà dit à ce sujet, en parlant des effets de la novation proprement dite.

La délégation a encore pour effet de mettre le délégué dans l'impossibilité d'opposer au délégataire les exceptions à l'aide desquelles il aurait pu paralyser l'action du délégant.

Conformément à ce principe, nous dirons avec Ulpien (1) que si un débiteur a décidé un tiers par des manœuvres frauduleuses, à se laisser déléguer, et que le créancier, après avoir stipulé, exerce son action contre lui, le tiers ne pourra pas repousser la demande du délégataire, en excipant du dol dont il a été la victime, parce que ce dernier n'en est pas l'auteur. « Nihil dolo creditor facit, qui suum recepit (2). »

Si au lieu de dol, le délégant avait employé la violence à l'égard du délégué, celui-ci pourrait bien, il est vrai, invoquer l'exception *metus causa*, même vis-

____

(1) L. 4, § 20, de donat., D., xxxix, 5.
(2) L. 129, de reg. juris, D., l, 17.

à-vis du délégataire; mais ce serait par un motif tout spécial qui tient à la nature de cette exception. On sait, en effet, que cette exception est *in rem*, c'est-à-dire qu'elle peut être opposée à toute personne qui agit en vertu de l'acte extorqué par violence; alors même que cette personne serait restée complétement étrangère au fait de la violence. « ...... Hoc jure uti« mur, ut de metu non tantum ab auctore, verum a « quocumque adhibito exceptio objici possit (1). »

C'est donc là une exception toute particulière à la règle que nous avons posée, et qui est confirmée du reste par une foule de textes. C'est ainsi qu'elle reçoit son application dans le cas où c'est une femme qui a délégué, au moyen de machinations dolosives, son débiteur à son mari pour le payement de sa dot; ce débiteur ne pourra pas exciper du dol de la femme pour se soustraire aux poursuites du mari (2), car il importe beaucoup à celui-ci que sa femme ait une dot, puisque cette dot est destinée à subvenir aux charges du mariage. « Maritus enim suum negotium gerit, nec « decipiendus est, quod fit si cogatur indotatam uxo« rem habere (3). » Mais si les liens du mariage étaient rompus, comme la raison que nous venons de donner n'existerait plus, le débiteur pourrait valablement repousser le mari qui ne viendrait ici réclamer la dot que pour la rendre à sa femme; de sorte qu'en réalité, c'est elle qui souffrira de l'exception (4).

Ce n'est pas seulement l'exception de dol qui ne

---

(1) L. 4, § 33, de doli mali et met. causa except., D., XLIV, 4.

(2) L. 4, § 21, de doli mali et met. exc., D., XLIV, 4.

(3) L. 9, § 1, de cond. causa data, D., XII, 4.

(4) L. 4, § 22, de dol. mal. et met. exc., D., XLIV, 4.

peut pas être opposée au délégataire, mais comme le dit Paul : « Idem est et in cæteris similibus exceptio- « nibus, imo et in ea quæ ex senatusconsulto filio- « familias datur (1). » L'exception du sénatus-con- sulte macédonien est donnée principalement *odio crediloris* ; on comprend donc très-bien qu'elle ne soit pas opposable à celui qui a accepté une délégation qui n'avait rien de contraire aux prescriptions du sé- natus-consulte. Le jurisconsulte ajoute qu'il en est au- trement de l'exception accordée à la femme en vertu du sénatus-consulte Velléien : « Diversum est in mu- « liere quæ contra senatusconsultum promisit. » Mais il nous donne lui-même la raison de cette diffé- rence : « Nam et in secunda promissione intercessio est. » Ce qui lui est formellement interdit.

Notre règle s'appliquait également au cas où une donation excessive avait été faite contrairement aux dispositions de la loi *Cincia*. Si le donataire avait dé- légué son donateur, celui-ci ne pouvait pas user de l'exception que lui donnait la loi, parce que le créan- cier n'était pas à son égard un donataire et ne faisait que réclamer ce qui lui était dû. « Si eum qui vole- « bat mihi donare supra legitimum modum, delega- « vero creditori meo : non poterit adversus petentem « uti exceptione : quoniam creditor suum petit (2). » C'est ce qui fait dire à Celse : « Ut mihi donares, cre- « ditori meo, delegante me, promisisti ; pactum valet, « ille enim suum recepit (3). »

---

(1) L. 19, de nov., D., xlvi, 2.

(2) L. 5, § 5, de dol. mal. et met. except., D., xliv, 4.

(3) L. 21, de donat., D., xxxix, 5.

La loi 33, *de novationibus*, vient encore confirmer notre principe en disant que le donateur délégué par le donataire ne pourra pas opposer au délégataire l'exception qu'il avait contre son donataire de n'être condamné que jusqu'à concurrence de ses facultés : « ... creditor autem debitum persequitur (1). » C'est ce que nous trouvons aussi formellement exprimé dans la loi 41, pr., *de re judicata*.

Cette décision doit-elle être étendue au cas où le délégataire est un mari qui a stipulé la dot du donateur de sa femme? Ce mari, en un mot, pourra-t-il, comme le délégataire ordinaire, poursuivre ce donateur pour le tout ? La raison de douter se trouve dans la loi 33, *de jure dotium*, où le le jurisconsulte Ulpien faisant une distinction entre le cas où le délégué *ex necessitate dotem promiserat* et le cas au contraire où il aurait promis *ex voluntate*, dans l'intention de faire une libéralité à la femme, nous dit que, dans ce second cas, *parcendum marito*, car il est bien excusable de n'avoir point usé de rigueur envers un délégué qu'il n'eût pu, du reste, faire condamner que jusqu'à concurrence de ses facultés. Il en résulterait que le donateur pourrait opposer l'exception du rescrit d'Antonin le Pieux, non-seulement à la femme donataire, mais encore au mari délégataire. Mais nous trouvons au Digeste des textes qui repoussent ce résultat. Nous citerons d'abord comme absolument contraire la loi 41, pr., *de re judicata*. Cette loi, en effet, pose nettement la question qui nous occupe. Le jurisconsulte se demande : « Quid de eo qui pro muliere cui donare volebat ma-

---

(2) L. 33, de nov., D., XLVI, 2.

« rito ejus dotem promiserit? » et il répond : « Nulla
« creditor exceptione summoveretur..... cui similis
« est maritus, maxime si constante matrimonio
« petat. »

Ce texte considère le mari comme un délégataire à
titre onéreux, car la dot est destinée à subvenir aux
charges du mariage ; mais nous devrions donner la
même solution, même dans le cas où l'on admettrait
que le mari est un délégataire à titre gratuit. La loi 33,
§ 3, *de donationibus*, ne laisse aucune hésitation à cet
égard, car dans l'espèce qu'elle prévoit, tous ceux qui
jouent un rôle dans la délégation sont donateurs ou
donataires. Ce serait donc le cas d'admettre l'exception, et cependant on la refuse. Voici du reste l'espèce
que présente Hermogénien : (1) Primus veut faire une
donation à Secundus, Secundus lui-même est dans
l'intention d'en faire une à Tertius, et alors *brevitatis
causa* il dit à Tertius : « Stipulez de Primus ce que je
veux vous donner. » La stipulation ayant eu lieu, Primus pourra-t-il être poursuivi pour le tout par Tertius, ou seulement jusqu'à concurrence de ses facultés?
Pour le tout, nous dit Hermogénien, parce que Primus
n'a rien donné à Tertius par qui il est actionné. En effet,
entre Primus donateur et Tertius donataire, se trouve
placé Secundus comme intermédiaire, et sa présence
empêche l'exception d'avoir son effet. D'après ces textes, sous quelque rapport que l'on envisage le mari, il
est bien entendu contrairement au texte d'Ulpien,
qu'il peut faire condamner pour le tout le délégué donateur de sa femme.

---

(1) L. 33, § 3, de donat., D., XXXIX, 3.

Comment concilier ces décisions contraires? Cujas l'a essayé (1), et voici comment il met en harmonie le texte de la loi 33 *de jure dotium*, avec les principes que nous venons d'exposer : il suppose qu'Ulpien a voulu dire qu'il fallait avoir de l'indulgence pour le mari qui n'a pas poursuivi rigoureusement le donataire de la femme, lequel donataire actionné par elle n'aurait pu être condamné que jusqu'à concurrence de ses facultés. Le mari n'est pas en faute de n'avoir pas fait plus que la femme elle-même n'aurait pu faire. Ainsi, d'après Cujas, Ulpien n'a pas exprimé toute sa pensée, et c'est au lecteur à combler cette lacune.

Devons-nous admettre cette conciliation? Au premier abord, on est assez tenté de le faire, car elle est ingénieuse, mais elle a le défaut précisément d'être trop ingénieuse, c'est-à-dire de trop suppléer à ce que nous trouvons dans le texte. Nous croyons donc ne pas devoir l'accepter, et préférons dire avec M. Pellat (2), qui cependant ne présente cette opinion que sous une forme dubitative, que d'après le droit strict le donateur délégué ne pouvait opposer l'exception au mari, mais qu'Ulpien, par un tempérament parfaitement conforme à la convenance qui s'oppose à ce qu'un donateur soit poursuivi avec la même rigueur qu'un débiteur, et prenant en considération ce motif que le mari doit rendre un jour la dot; qu'Ulpien, disons-nous, a admis, qu'à cause de sa position exceptionnelle, on pourrait opposer au mari l'exception,

----

(1) Observ., XII, 17.
(2) Comm., de jure dotium, p. 145.

que d'après les principes rigoureux on aurait pu invoquer seulement contre la femme.

Ulpien assimile au débiteur qui avait une exception
et ne peut plus s'en servir, celui qui dans la fausse
persuasion qu'il était débiteur du délégué, s'est
obligé envers le délégant. Malgré son erreur, il n'en
sera pas moins tenu de payer : « .... exceptio locum
« non habebit (1). » Le motif de cette décision est
fort raisonnable; le créancier, en effet, n'a rien à se
reprocher, il n'a pas pu savoir si le délégué était ou non
débiteur du délégant, et même si, dans ce dernier cas,
il n'agissait pas par esprit de libéralité : « ... non fa-
« cile scire petitor potest quid inter eum qui delegatus
« est et debitorem actum est; aut etiam si sciat, dis-
« simulare debet, ne curiosus videatur (2). » Le créancier ne fait du reste qu'exercer son droit, tandis que
le délégué a eu le tort et l'imprudence de s'obliger à
la légère, sans examiner s'il était réellement débiteur;
il doit donc en supporter les conséquences.

Il doit en être de même, quand la délégation d'un
faux débiteur a été faite par la femme au mari.
C'est ce que nous dit le jurisconsulte Paul : « Si quis
« indebitam pecuniam per errorem, jussu mulieris,
« sponso ejus promisisset et nuptiæ secutæ sint »; —
on ajoute ici que le mariage a eu lieu parce que toute
obligation *dotis causa* est subordonnée à la condition
tacite qu'il y aura mariage, — « exceptione doli mali uti
« non potest (3). » Le mari, en effet, fait sa propre

---

(1) L. 13, de nov., D., XLVI, 2.
(2) L. 19, de nov., D., XLVI, 2.
(3) L. 9, § 1, de cond. causa dat., D., XII, 4.

affaire, et nous savons que « nullus videtur dolo facere « qui suo jure utitur (1). » Or, comme le mari n'est pas coupable de dol, il ne doit point être déçu dans ses espérances, ce qui arriverait s'il était obligé de recevoir une femme sans dot. Mais si le mari n'agissait qu'après la dissolution du mariage, nous dirions encore que le délégué pourrait lui opposer l'exception jusqu'à concurrence de ce qu'il devrait rendre à la femme. Nous trouvons cette décision formulée dans la loi 78, § 5, *de jure dotium*.

Il est donc bien constant, après tous les exemples que nous venons de citer, que le délégué ne pouvait user envers le délégataire des exceptions qu'il avait contre le délégant. Nous avons maintenant à nous demander qu'elle ressource lui était offerte, et quel moyen lui était présenté pour se faire indemniser de ce qu'il avait indûment payé ? Il faut, à cet égard, faire avec le jurisconsulte Paul (2) une distinction. Si au moment de la délégation le délégué savait qu'il était protégé par une exception, il sera réputé avoir fait remise de cette exception et considéré comme donataire ; il n'aura donc pas de recours contre le délégant. Si, au contraire, il s'est obligé par ignorance, il pourra agir valablement contre le délégant, soit par la *condictio certi* pour réclamer la somme par lui payée, soit par une *condictio incerti* pour obtenir sa libération dans le cas où il n'aurait pas encore payé. Il aura, en outre, l'*actio mandati contraria*, puisque c'est en exécutant le mandat du délégant qu'il s'est

---

(1) L. 55, de reg. juris, D., L, 17.
(2) L. 12, de nov., D., XLVI, 2.

appauvri. Mais il ne pourra pas agir concurremment par les deux actions, puisqu'elles ont le même but. Il devra opter entre elles.

Tout ce que nous venons de dire s'applique à l'hypothèse où la délégation était faite à titre onéreux ; mais si nous supposons, au contraire, que le délégataire a reçu la délégation à titre gratuit, par exemple parce que le délégant voulait lui faire une donation, nous donnerons une solution toute différente. Dans ce cas, en effet, le délégataire ne réclame pas ce qui lui est dû, *certat de lucro captando*, et il se trouve en présence du délégué qui *certat de damno vitando*. Entre ces deux personnes, dont l'une veut s'enrichir, et l'autre ne pas perdre, qui doit-on protéger? Évidemment c'est la dernière. Aussi lui reconnaît-on le droit d'opposer au délégataire l'exception de dol qu'elle avait contre le délégant, et, même avant toute poursuite, d'intenter la *condictio incerti sine causa* pour l'obliger à éteindre son obligation, en lui faisant acceptilation (1). Il en serait de même si le délégué s'était cru faussement débiteur du délégant. Ulpien, après avoir reproduit cette décision, s'empresse d'en proclamer toute l'équité (2).

Il pouvait arriver que le délégué, poursuivi par le délégataire, fût dans l'impossibilité de remplir son obligation à cause de son état d'insolvabilité. De là la question de savoir sur qui doit retomber cette insolvabilité. Sera-ce sur le délégataire? Ou bien, au contraire, doit-il avoir, en cas de non payement de la

---

(1) L. 2, § 3 et 4, de don., D., xxxix, 5.
(2) L. 7, pr., et § 1, de doli mal. et met. except., D., xliv, 4.

créance, un recours contre le délégant? La règle générale, en cette matière, est que le délégataire doit supporter les risques de l'insolvabilité du débiteur délégué. S'il a éteint, en effet, une obligation, il lui en a substitué une autre qui, pour être mauvaise, n'en existe pas moins. Il a échangé les chances d'insolvabilité du premier débiteur contre les chances d'insolvabilité du second ; en un mot, « ......nomen ejus secutus est (1). » Il n'a donc pas à se plaindre d'une situation qu'il s'est faite à lui-même. Aussi Papinien lui refuse-t-il toute action contre le délégant (2).

Ce principe général ne souffre que deux exceptions : la première, lorsque la délégation n'a été acceptée par le délégataire qu'à la charge du délégant ; la seconde, lorsque ce délégant a employé des manœuvres dolosives pour amener son créancier à accepter pour débiteur le délégué. Dans le premier cas, le délégataire aura une action *mandati contraria* contre le délégant, pour obtenir de celui-ci ce qu'il n'aurait pu obtenir de celui-là (3). Dans le second, il agira par l'action de dol. De sorte qu'il y aura lieu, en sa faveur, à une indemnité s'il n'a pas été entièrement payé par le délégué.

Il est bien entendu que le délégataire ne pourra invoquer l'action de mandat qu'autant qu'il n'aurait pas à s'imputer à lui-même de n'avoir pas été payé. S'il en était autrement, si, par exemple, il avait mis

____

(1) L. 45, § 7, mandati, D., xvii, 1.
(2) L. 68, § 1, de evict., D., xxi, 2.
(3) L. 22, § 2; L. 45, § 7, mandati, D., xvii, 1.

de la négligence à poursuivre son débiteur (1), il serait privé de tout recours contre le délégant.

Telle est la règle en cette matière; tout le monde est d'accord pour le reconnaître. Mais cette règle doit-elle être étendue au cas particulier où c'est un mari qui, sur la délégation de sa femme, a stipulé du débiteur de celle-ci? C'est ici que commence la controverse entre les auteurs. Les uns soutiennent que la position du mari est identiquement la même que celle du délégataire ordinaire, et qu'en principe les risques de l'insolvabilité du délégué sont à sa charge. Mais comme cette opinion semble contraire au texte du § 3 de la loi 41, *de jure dotium* : « Si a debitore mulieris sub « conditione dos promittatur, et postea, sed ante- « quam maritus petere posset, debitor solvendo esse « desierit, magis periculum ad mulierem pertinere « placet; nec enim videri maritum nomen secutum « eo tempore quo exigere non poterit. » Ils ont été obligés d'admettre une exception pour le cas prévu par ce texte, et de dire que le mari, et puisqu'ils ne font pas de distinction, que le délégataire ordinaire n'est tenu des risques, en cas de *promesse condition- nelle* de la part du débiteur, que si *nomen sequitur*. Ce premier obstacle ainsi écarté, ils invoquent, à l'appui de leur système, un texte dont ils tirent un argument qui, il faut le reconnaître, semble avoir une certaine force. Nous voulons parler de la loi 6, *de pactis dota- libus*. Nous voyons en effet dans cette loi que Pompo- nius est d'avis que le mari peut convenir que la dot sera aux risques de sa femme. S'appuyant sur ce texte, les

---

(1) L. 35, de rebus creditis, D., xii, 1.

partisans du système que nous exposons en concluent que les risques de l'insolvabilité du débiteur sont pour le mari ; sans quoi on ne dirait pas qu'on peut convenir que les risques seront à la charge de la femme. Une pareille convention eût été sans objet et sans utilité, puisqu'elle n'aurait fait que régler, par une disposition particulière, ce qui est la règle générale.

A cet argument, on peut répondre deux choses : 1° que le texte de la loi 6 ne tranche pas la question, car il peut faire allusion à un cas où le mari aurait paru se charger des risques et prendre pour son compte la créance contre le délégué, par exemple, en n'agissant pas en temps utile contre ce délégué ou en touchant de lui des intérêts (1), ou bien encore, parce qu'au moment de la délégation il avait connaissance de l'insolvabilité du débiteur (2) ; 2° que le texte prévoit également (3) le cas où les risques sont pour la femme, et qu'en conséquence il n'a rien de général et ne se rapporte qu'à des cas particuliers.

Les partisans de l'opinion contraire, pour soutenir que les risques sont pour la femme et non pour le mari qui n'encourt cette responsabilité que lorsque *nomen seculus est*, argumentent d'abord de la différence profonde et radicale, qui existe entre la position de délégataire ordinaire et celle de mari. Là où les situations sont opposées, quoi de plus naturel que les résultats soient différents ! ce serait même manquer à toutes les règles de l'équité que de les assimiler.

(1) L. 71, de jure dotium, D., xxiii, 3.
(2) L. 44, § 3, de jure dotium, D., xxiii, 3.
(3) L. 6, de pactis dot., in fine, D., xxiii, 4.

Qu'a voulu, en effet, un créancier ordinaire en acceptant la promesse du délégué? Il a voulu éteindre une obligation et libérer son ancien débiteur pour lui en substituer un autre. Il a échangé une créance bonne ou mauvaise, contre une créance mauvaise ou bonne. Tout est consommé. Il n'a d'ailleurs rien à rendre à qui que ce soit; à lui les chances d'insolvabilité de son nouveau débiteur. La délégation est à son égard un véritable aléa.

Le mari, à l'inverse, n'a pas voulu éteindre une obligation préexistante, son but a été, au contraire, d'en faire naître une à son profit; de plus, il aura à restituer la dot, et ne serait-il pas de toute iniquité de l'obliger à rendre ce qu'il n'a pas reçu, quand du reste on n'a aucune négligence à lui reprocher! Cette opinion n'est pas seulement conforme à l'équité, elle est corroborée par des textes nombreux (1) qui tous ne mettent les risques à la charge du mari, que lorsqu'il y a quelque chose à lui imputer.

Ajoutons que l'exception aux principes généraux sur les risques de l'insolvabilité du délégué, admise par les partisans du premier système, n'est nullement justifiée; et qu'on ne doit voir, dans le paragraphe 3 de la loi 41, *de jure dotium*, qu'une décision toute spéciale au mari. On se demande si le mari est censé avoir pris la créance pour son compte, et on répond négativement, parce qu'il n'avait pas pu exiger la créance. Ce texte vient donc encore confirmer le principe que les risques sont pour la femme.

Quant à nous, si nous avions à opter entre ces deux

---

(1) L. 33 ; L. 35 ; L. 49, *de jure dotium*, D., xxiii, 3.

opinions, en nous plaçant sur le terrain même où la discussion s'est produite, nous n'hésiterions pas un instant à choisir avec M. Pellat (1) la seconde comme étant la seule raisonnable ; mais il nous semble que de la part des commentateurs il y a eu une confusion et que la question a été mal posée. Ne serait-il pas pas possible, en effet, de concilier cette seconde opinion avec le principe ordinaire en matière de délégation ?

Qu'a voulu le délégataire en acceptant la délégation ? Une autre créance. Son but a été atteint, il n'a rien à réclamer.

Qu'a voulu à son tour le mari ? Une promesse de dot, il l'a eue ; et si, par suite de l'insolvabilité du débiteur, il n'est pas payé, il en supportera les risques en ce sens qu'il n'aura pas de dot pour subvenir aux charges du mariage, qu'il sera obligé d'y employer ses propres ressources, et n'aura de recours contre personne pour se faire indemniser.

Mais quand il s'agira de rendre la dot, nous entrons dans une autre ordre d'idées, nous nous trouvons en présence de l'action *rei uxoriæ*, action de bonne foi où le juge doit examiner *quid æquius melius ;* et on comprend alors, que le mari ne puisse pas être forcé de rendre ce qu'il n'a pas reçu, lorsqu'on n'a rien à lui reprocher, et qu'il n'a pas pris pour son compte, la créance contre le délégué.

_____

(1) Comm., de jure dotium, page 169 et suiv.

De l'influence du sénatus-consulte Velléien sur les délégations dans lesquelles la femme joue un rôle.

Ce sénatus-consulte, ainsi nommé du nom de Velleius tutor, l'un des deux consuls qui, sous l'empereur Claude, en présentèrent les termes à l'approbation du sénat, avait pour but d'empêcher les femmes « fieri « reæ pro alio », ou, pour tout dire en un seul mot, de se porter *intercessores.* Il y a intercession dans tout acte par lequel on s'oblige personnellement ou par lequel on oblige sa chose pour un tiers et dans l'intérêt de ce tiers. On comprend le motif de ce sénatus-consulte ; en généralisant une défense qui datait d'Auguste et d'après laquelle il était interdit aux femmes de s'obliger pour leurs maris, il a eu pour but de les protéger contre leur propre faiblesse, et de les soustraire aux graves conséquences que pouvaient avoir pour elles leur désir de rendre service et leur inexpérience des affaires. Aussi ne devons-nous pas nous étonner si le sénatus-consulte ne leur interdisait pas de donner, ou de payer pour autrui. Grande en effet est la différence entre payer, c'est-à-dire s'appauvrir sur le champ, se séparer de ce que l'on possède, et s'obliger, c'est-à-dire promettre sans exécution immédiate, sans dessaisissement actuel ; on est mis en garde contre l'un par le sentiment de la conservation, on est au contraire facilement entraîné vers l'autre, parce que l'esprit n'en saisit pas toute l'importance.

De cette prohibition faite à la femme de devenir

intercessor, il résulte qu'elle ne pouvait pas libérer un tiers en s'obligeant à sa place ni se laisser déléguer par lui, lorsqu'il n'était pas son créancier, et que si, nonobstant cette défense, elle s'était engagée, elle avait toujours le droit, contrairement aux principes généraux, d'opposer aux créanciers l'exception tirée du sénatus-consulte. Cette dérogation au droit commun nous avait déjà été signalée par le jurisconsulte Paul, qui après avoir posé la règle que le délégué ne peut pas opposer au délégataire les exceptions qu'il avait contre le délégant, ajoute aussitôt : « ... Diver- « sum est in muliere quæ contra senatusconsultum « promisit, nam et in secunda promissione intercessio « est (1). » Gaius nous en fournit un exemple qui pré- sente le cas singulier de deux protégés de la loi mis en présence. Voici l'espèce : Une femme s'est portée *intercessor* pour un tiers auprès d'un mineur, et on se demande si l'on doit donner à ce mineur action contre la femme. Non, répond le jurisconsulte, car, comme tout autre, il doit être repoussé par l'exception du sénatus-consulte, parce que, d'après le droit commun, il pourra agir contre son ancien débiteur. Mais si ce débiteur primitif se trouve insolvable, comme le re- cours du mineur contre lui serait illusoire, la loi vient à son secours en lui permettant de poursuivre la femme sans avoir à redouter l'exception (2).

Mais si la femme, tout en s'obligeant pour autrui, fait en même temps sa propre affaire, elle ne pourra pas opposer à son créancier l'exception du sénatus-

---

(1) L. 19, de nov., D., xlvi, 2.
(2) L. 12, de min. xxv annis, D., iv, 4.

consulte. C'est ce qui fait dire à Paul : « Debitrix mu-
« lier a creditore delegata, pro eo cui delegata est,
« promisit, non utitur exceptione (1). »

Si au contraire la femme s'est laissé déléguer sans
être débitrice, elle doit être protégée par le sénatus-
consulte, et il en serait ainsi même dans le cas où le
créancier aurait cru qu'elle était réellement débitrice
de celui pour lequel elle s'obligeait (2). Ce résultat
était cependant repoussé par Marcellus. Il faisait une
grande différence entre le cas où une femme a pris à
sa charge, dès l'origine, l'obligation d'un tiers, et celui où elle s'est laissée déléguer comme débitrice, et
dans ce dernier cas il lui refuse le secours du sénatus-
consulte ; sa seule ressource serait de poursuivre le
délégant pour obtenir de lui sa libération si elle
n'avait pas encore payée, et son remboursement dans
le cas contraire. Ajoutons qu'Ulpien, qui cite cette
opinion de Marcellus, était d'un avis tout à fait opposé, et voyait dans les deux cas une véritable *intercessio* (3).

Une femme qui était intervenue pour quelqu'un, ne
pouvait pas cependant se prévaloir du sénatus-consulte si, par un fait postérieur, l'affaire qui a donné
lieu à l'obligation, d'étrangère qu'elle était d'abord,
lui était devenue personnelle. C'est ce que nous
voyons dans l'espèce suivante : Une femme qui n'est
pas débitrice s'est laissé déléguer, puis le délégant a
versé entre ses mains le montant de l'obligation par

---

(1) L. 24, pr., ad S.-C. Velleianum, D., XVI, 1.
(2) L. 17, pr., ad S.-C. Velleianum, D., XVI, 1.
(3) L. 8, § 2, ad S.-C. Velleianum, D., XVI, 1.

elle contractée. A partir de ce moment elle n'a plus
besoin de protection puisque tout danger de perdre
cesse pour elle (1). C'est aussi ce que Callistrate a posé
en principe : « Si pro aliquo mulier intercesserit, sed
« in rem ejus, quod acceptum est, versaretur, excep-
« tio senatusconsulti locum non habet : quia non fit
« pauperior (2). » Paul nous dit encore que, si la
femme s'est obligée *decipiendi animo*, sachant bien
qu'elle ne s'obligeait pas valablement, le créancier
pourra repousser l'exception du sénatus-consulte par
une réplique de dol (3).

Nous avons vu que la délégation ne s'opérait pas
seulement par stipulation, mais encore *per litis contestationem*. Il faut en conclure que, si une femme se
présente en justice pour un tiers, afin d'assumer et de
faire peser sur elle la condamnation, elle doit être ré-
putée intervenir pour autrui. « Suscepit enim in se
« alienam obligationem ; quippe quum ex hac re su-
« beat condemnationem. (4) » Mais dans ce cas, elle
pouvait s'enlever la faculté d'invoquer le sénatus-consulte en renonçant formellement à l'exception, au moment de se présenter en justice (5). Si la femme s'est
faite *procurator* de celui qui, en cas de condamnation,
aurait un recours contre elle, son *fidejussor*, par exemple, comme dans ce cas, l'affaire dont il s'agit, ne lui
était pas étrangère, elle n'aura pas d'exception (6).

---

(1) L. 16, ad S.-C. Velleianum, D., xvi, 1.
(2) L. 21, pr., ad S.-C. Velleianum, D., xvi, 1.
(3) L. 30, ad S.-C. Velleianum, D., xvi, 1.
(4) L. 2, § 5, ad S.-C. Velleianum, D., xvi, 1.
(5) L. 32, § 4, ad. S.-C. Velleianum, D., xvi, 1.
(6) L. 3, ad S.-C. Velleianum, D., xvi, 1.

La délégation produisant pour le délégant le même effet qu'un payement, puisqu'elle le libère, la femme peut valablement déléguer son débiteur. « ..... Mulier « enim per senatusconsultum relevatur, non quæ « deminuit restituitur (1). » Mais si la femme a délégué comme son débiteur celui qui ne lui devait rien ; comme dans ce cas, elle s'est obligée à rembourser au délégué ce qu'il payerait, et que c'est là un moyen détourné d'éluder la prohibition de la loi, il y aurait lieu à l'exception (2). « Sed si is qui a muliere dele- « gatus est, debitor ejus non fuit, exceptione senatus- « consulti poterit uti, quemadmodum mulieris fide- « jussor (3). »

Lorsque la femme s'est ainsi soustraite, grâce à l'exception du sénatus-consulte, aux liens de l'obliga- tion qu'elle avait contractée pour autrui, le créancier se trouverait gravement lésé dans ses intérêts, si la loi ne venait pas à son secours. Mais il n'en est pas ainsi, car il peut exercer contre son ancien débiteur l'ac- tion qui avait été éteinte par l'intervention de la femme (4). Cette ancienne action lui sera même res- tituée dans le cas où il aurait libéré son débiteur, en lui faisant acceptilation avant que la femme ne fût in- tervenue (5), mais bien entendu, il faudrait que ce fût en vue de l'intervention de la femme qu'il eût libéré son débiteur, sans quoi on ne pourrait pas le restituer contre une libération qu'il aurait faite de son plein

---

(1) L. 8, § 5, ad S.-C. Velleianum, D., xvi, 1.
(2) L. 8, § 6, ad S.-C. Velleianum, D., xvi, 1.
(3) L. 8, § 4, ad S.-C. Velleianum, D., xvi, 1.
(4) C. 16, au Code, ad S.-C. Velleianum, iv, 29.
(5) L. 8, § 5, ad S.-C. Velleianum, D., xvi, 1.

gré et sans espoir de dédommagement. Comme il ne faut pas que le fait de la femme puisse nuire au créancier, il doit recouvrer sa créance avec tous les avantages qui y étaient attachés. L'équité l'exige : « Si mulier « contra senatusconsultum intercesserit, æquum est, « non solum in veterem debitorem, sed et in fidejus- « sores ejus actionem restitui : cum mulieris persona « subtrahatur creditori propter senatusconsultum, in- « tegra causa pristina restituenda est (1). »

La femme qui a payé pour acquitter une obligation contractée au mépris du sénatus-consulte, pouvant répéter ce qu'elle a ainsi payé (2), il est équitable de rendre au créancier l'action qu'il avait contre son débiteur, même avant que la femme ait payé (3); autrement le créancier pourrait, par suite du retard apporté à l'exercice de son droit, n'avoir plus d'action que contre un débiteur devenu insolvable. Il suit de là que si la femme s'est obligée sous condition ou à terme, le créancier n'aura pas besoin pour agir contre son ancien débiteur, d'attendre l'arrivée du terme, ou l'événement de la condition. Qu'importe, en effet, que la condition s'accomplisse ou ne s'accomplisse pas? et le débiteur ne doit-il pas toujours être poursuivi? «Quo enim bonum est, exspectare conditionem, « vel diem, cum in ea causa sit prior iste debitor, ut « omnimodo ipse debeat suscipere actionem (4). »

---

(1) L. 14, ad. S.-C. Velleianum, D., xvi, 1.

(2) C. 9, au Code, ad S.-C. Velleianum, D., iv, 29.

(3) L. 24, § 5, ad S.-C. Velleianum, D., xvi, 1.

(4) L. 13, § 2, ad S.-C. Velleianum, D., xvi, 1.

SECTION V.

De la novation par dotis dictio.

La *dotis dictio* était une déclaration solennelle faite au mari par certaines personnes, que telle chose lui serait constituée en dot. Cette forme spéciale était exclusivement restreinte à la constitution d'une dot, elle se distinguait du contrat verbal : 1° par son emploi limité, 2° en ce que dans la stipulation le créancier interroge, le débiteur répond ; tandis que dans la *dotis dictio*, le débiteur interroge, le créancier répond : *dotis tibi nomine decem talenta erunt ? accipio* ; 3° en ce que le nombre des personnes qui pouvaient *dotem dicere* était limitativement déterminé ; c'étaient la femme, son débiteur délégué par elle et l'ascendant sous la puissance duquel elle se trouvait. La *dotis dictio* faite par une personne autre que celles que nous venons de désigner restait sans effets (1). Dans la stipulation, au contraire, toute personne, sauf l'esclave, s'obligeait valablement.

Les expressions *dotem dicere, dotis dictio*, ne se rencontrent nulle part au Digeste, et cependant la formule qui était employée par celui qui pouvait constituer une dot par ce mode spécial se retrouve dans des textes nombreux. Que faut-il en conclure ? C'est que la *dotis dictio* n'étant plus en usage au temps de Justinien, Tribonien, pour mettre les textes en harmonie avec le droit nouveau, a substitué aux expressions an-

---

(1) Ulpien, frag. de dotibus, 2.

cionnes, celles de *dolis promissio, dotem promittere*, et que c'est par mégarde qu'il a laissé substituer la formule qui trahit ses corrections.

Lorsque la *dotis dictio* était faite par le débiteur de la femme sur l'ordre de celle-ci, elle produisait identiquement les mêmes effets que la délégation, c'est-à-dire extinction de l'ancienne dette de ce débiteur, et création d'une nouvelle envers le mari. Il y avait au contraire acceptilation, si la femme qui *dotem dicebat* était déjà créancière du mari, car par le fait de la *dictio*, le mari était libéré *ipso jure*, sous l'obligation de payer ce qu'il devait primitivement, comme s'il l'avait reçu en dot, dans le cas où plus tard il y aurait lieu à la restitution de la dot (1).

Ces principes ressortent de la loi 31, § 1, *de novationibus*. Nous voyons en effet, dans cette loi que Venuleius, après avoir dit que l'un des costipulants en stipulant du débiteur le libère même envers l'autre créancier, décide que le même résultat serait produit par la *dotis dictio* faite par le débiteur sur l'ordre de la femme que le jurisconsulte suppose créancière avec un tiers. Il est vrai que le jurisconsulte se sert des expressions : *doti promittere viro ;* mais nous avons déjà fait connaître la cause de ces altérations de texte ; et dans l'espèce, aucun doute n'est possible à cet égard, car sans cela comment admettre que Venuleius eût rapproché d'un cas où la novation s'accomplit par la stipulation le cas qui n'a rien de particulier où elle résulterait de la stipulation d'une dot!

---

(1) L. 77, de jure dotium, D., xxiii, 3, et le commentaire de M. Pellat sur ce texte.

Tribonien, en corrigeant, n'a pas aperçu cette bizarrerie. Venuleius suppose aussi dans ce texte que la femme cocréancière *nuptura debitori* lui fait *dotis dictio* et déclare que par là le débiteur est libéré *ipso jure* envers la femme et envers son cocréancier; il est évident que, si elle promettait à son débiteur par stipulation ce que celui-ci lui doit, il y aurait une nouvelle obligation créée et non extinction de l'ancienne; mais seulement lieu par voie d'exception, à la compensation depuis Marc-Aurèle; et encore faudrait-il que dans les poursuites à exercer contre le mari, la femme prévînt son cocréancier. Or Venuleius suppose une extinction *ipso jure*, donc encore pour ce second cas, il avait écrit *doti dixerit* au lieu de *doti promiserit* (1).

La novation provenant de la *dotis dictio* pouvait, comme celle produite par la stipulation, être subordonnée à la modalité d'une condition. C'est ce que nous enseigne la loi 80, *de jure dotium*, lorsqu'une femme avait donné ordre à son debiteur de *dotem dicere*. Labéon pensait que la femme pouvait avant le mariage, comme cette dot n'était constituée qu'en vue du mariage, pouvait, disons-nous, revenir sur ce qui avait été fait, réclamer à son débiteur ce qui lui était dû, et le soustraire ainsi à l'obligation qu'il avait contractée envers son mari. Javolenus refuse ce pouvoir à la femme, car à partir de la *dictio* elle n'est plus créancière que conditionnellement, pour le cas où le mariage n'aurait pas lieu. Tant qu'il n'y a

---

(1) M. Pellat, comm., de jure dotium, p. 392.

pas abandon formel du projet de mariage, tout doit rester en suspens.

Nous avons vu dans la délégation que si un tiers, se croyant à tort débiteur du délégant, s'oblige envers le délégataire, il n'en sera pas moins obligé envers celui-ci. Devons-nous étendre cette décision au cas où il y a eu *dotis dictio?* A cet égard, il faut distinguer : si c'est un étranger qui, se croyant débiteur de la femme, a constitué la dot, comme il ne pouvait employer ce mode spécial qu'en qualité de débiteur et qu'il ne l'est pas, il en résulte ainsi que nous l'avons vu que la *dictio* sera dépourvue d'effets, et en conséquence, il cessera d'être obligé envers le mari. Mais si, au lieu d'un étranger, c'est le père ou un ascendant paternel qui ont constitué la dot, nous appliquerons le principe général parce qu'ils avaient le droit de *dotem dicere*, quoique ne devant rien à leur fille ou petite-fille. « *Pater etiam si falso existimans se filiæ « suæ debitorem esse dotem promisisset*, obligatur (1).»

Ici encore, il est évident que le texte a été altéré, car s'il n'en était pas ainsi, le jurisconsulte n'aurait fait qu'appliquer une règle générale à un cas particulier, tandis qu'en restituant les anciennes expressions, on comprend parfaitement que Julien ait cru devoir s'expliquer dans l'hypothèse qu'il prévoit.

SECTION VI.

De la novation par les nomina transcriptitia.

Quoique les contrats *litteris* occupent fort peu de

----

(1) L. 46, § 2, de jure dotium, D., xxiii, 3.

place dans les textes, que la loi 1 *de obligationibus et actionibus* ne les cite pas dans son énumération, et que la loi 1 *de novationibus* ne parle que des contrats réels, verbaux et consensuels, nous n'en croyons pas moins à leur existence, suffisamment attestée, selon nous, par Gaïus et Justinien dans leurs Instituts, et par Théophile dans sa paraphrase. Si au Digeste nous n'en trouvons pas trace, c'est que les compilateurs en ont supprimé la mention, parce que l'ancien contrat *litteris* n'existait plus sous Justinien. Ceci admis, voyons en quoi il consistait et de quelle manière il se formait. A Rome, chaque citoyen avait un registre domestique, *codex*, *tabulæ*, sur lequel il inscrivait ses recettes et ses dépenses, en indiquant quels étaient ses créanciers et quels étaient ses débiteurs. Ces mentions, d'abord inscrites au jour le jour sur des brouillons, *adversaria*, étaient reportées chaque mois sur le *codex accepti et expensi;* de là l'expression de *nomina transcriptitia.* Les contrats littéraux résultaient de ces mentions constatant que l'on était créancier ou débiteur. Quelle était donc l'utilité de ces *nomina*, et dans quels cas y avait-on recours? Leur utilité était grande, car ils faisaient naître entre les parties une obligation civile et servaient à nover une dette antérieure. C'est ce que nous dit formellement Théophile (1), et ce que confirme Gaïus (2) en nous disant que le contrat *litteris* a lieu de deux manières : soit *a re in personam,* soit *a persona in personam.* Dans le premier cas, il y avait novation proprement dite ; elle se produisait

----

(1) Lib. III, tit. 21.
(2) Gaïus, comm., III, § 128.

lorsqu'un créancier portait sur son registre par l'ordre de son débiteur, et au débit de celui-ci, ce qui lui était déjà dû pour cause d'achat, de louage, de gestion d'affaires ou pour tout autre motif. La première dette se trouvait éteinte et remplacée par une obligation *litteris* (1). Dans le second cas, la novation s'opérait par changement de débiteur ; le créancier inscrivait comme étant son débiteur le délégué que lui présentait le débiteur primitif. De telle sorte que l'obligation du délégant se trouvait éteinte et le délégué seul était tenu en vertu du contrat qui s'était formé par l'écriture (2). Aussi, Théophile, en reproduisant la définition que les anciens jurisconsultes donnaient du contrat *litteris*, vient-il nous dire que c'est la transformation d'une ancienne dette en une nouvelle, par l'emploi de certaines écritures ; il faut donc en conclure, que, dans l'ancien état du droit, les *nomina transcriptitia* comme la stipulation servaient à produire la novation.

N. B. Le pacte de constitut créant une obligation accessoire qui vient s'ajouter à la première, dans le seul but de la corroborer, nous n'avons garde d'admettre qu'il opérât une novation (3). Ce pacte pouvait intervenir entre le créancier et son débiteur, celui-ci lui promettant, soit ce qu'il lui devait déjà, soit une chose différente, avec indication d'un jour fixe pour le payement ; ou entre le créancier et un tiers qui venait lui promettre ce que devait déjà le débiteur.

---

(1) Gaïus, comm., III, § 129.
(2) Gaïus, comm., III, § 130.
(3) L. 28, de pecunia constituta, D., XIII, 5.

Dans le premier cas, l'utilité du pacte se manifestait surtout lorsque l'obligation préexistante du débiteur était une simple obligation naturelle ; car le pacte de constitut procurait alors au créancier l'action qui lui manquait; dans le second, l'utilité est bien plus apparente encore, car le créancier aura deux débiteurs obligés à la même dette et verra ainsi augmenter ses chances d'être payé. Mais il va sans dire que le payement fait par un seul des débiteurs éteindra les deux obligations. La loi 10, *de pecunia constituta*, D. décide que lorsque le débiteur avait fait pacte de remise avec l'un de ses créanciers solidaires, il ne pouvait plus payer valablement entre les mains de l'autre, et que s'il l'avait fait, il pouvait être néanmoins poursuivi par l'action *constitutæ pecuniæ*, sauf à intenter contre celui auquel il avait payé la *condictio indebiti*. Cette décision ne doit pas nous induire à penser que le pacte de constitut opérait novat'on, le résultat signalé provenant de la grande affinité que les Romains voyaient entre ce pacte et le payement, et de ce principe qu'entre deux *correi stipulandi* c'était à qui arriverait le plutôt (1). Même résultat était produit par le pacte de constitut intervenu entre le débiteur et son créancier, lorsqu'il y avait un *adjectus solutionis gratia;* par ce pacte le débiteur perdait le droit de payer à l'*adjectus* (2).

II.

DE LA NOVATION JUDICIAIRE.

Un des principaux effets de la *litis contestatio*, sous

---

(1) M. Ducaurroy, t. ii, n° 1312.
(2) L. 8, de pec. constit., D., xiii, 5.

le système formulaire, était de fixer, par la délivrance de la formule, la position respective des parties dans le débat, et de détruire, en le transformant, le droit sur lequel le demandeur avait appuyé sa prétention ; de sorte qu'il ne pouvait plus, à l'avenir, l'invoquer avec succès, l'obligation étant désormais *deducta in judicium*. « Nam tunc obligatio quidem principalis « dissolvitur, incipit autem teneri reus litis contesta- « tione (1). » Cette consommation du droit du demandeur pouvait avoir lieu de deux manières différentes : soit *ipso jure*, soit au moyen de l'exception *rei in judicium deductæ*. Dans le premier cas il s'opérait une novation à laquelle les commentateurs ont donné, par opposition à la novation contractuelle ou volontaire, le nom de novation nécessaire. Gaïus nous fait connaître les conditions exigées pour que la *litis contestatio* pût produire cette novation. Il fallait : 1° que le *judicium* fût *legitimum* et non pas *imperio continens*. Les instances légitimes étaient celles qui s'engageaient devant un juge romain, entre citoyens romains, à Rome ou dans le rayon d'un mille (2). Ces *judicia* étaient les seuls qui fussent reconnus par le droit civil. Les autres, *imperio continentia*, ne reposaient que sur le pouvoir du magistrat qui avait organisé l'instance, et n'étaient valables que tant que durait ce pouvoir (3). Il eût été trop rigoureux, dans ces instances, de faire éteindre *ipso jure* le droit du demandeur pour lui en substituer un autre, qui aurait pu lui être enlevé par un fait complétement indépendant de sa volonté.

---

(1) Gaïus, iii, § 180.
(2) Gaïus, iv, § 104.
(3) Gaïus, iv, § 105.

2° Que l'action fût *in personam* et non *in rem* ;

3° Enfin, qu'elle fût *concepta in jus* (1). Il faut, en effet, pour que la novation puisse s'opérer, qu'on en rencontre les éléments nécessaires, et d'abord une obligation qui puisse être novée ; et c'est précisément cette obligation qui fait défaut dans le cas de l'action réelle. Un droit réel ne peut pas s'anéantir parce qu'il y aura eu *litis contestatio* ; de même un fait ne peut pas se modifier et se transformer par cela seul qu'un juge aura été chargé d'en vérifier l'existence.

Si le *judicium* est *imperio continens*, ou si l'action est *in rem* ou la formule *concepta in factum*, le défendeur, attaqué de nouveau par son adversaire à raison du même fait, ne pouvait se soustraire à ces poursuites réitérées qu'en faisant insérer dans la formule l'exception *rei in judicium deductæ*, et faute par lui de l'avoir fait, il était exposé à deux condamnations. Mais cette distinction que nous venons de faire entre les cas où la consommation du droit du demandeur avait lieu *ipso jure*, et les cas, au contraire, où elle ne se produisait qu'*exceptionis ope*, n'offre vraiment de l'intérêt qu'au temps classique de la jurisprudence. En effet, dans le Bas-Empire, tous les *judicia* étaient devenus *imperio continentia*, et que l'action fût réelle ou qu'elle fût personnelle, il était toujours nécessaire d'avoir recours à l'exception (2).

La novation judiciaire se distingue, sous bien des rapports, de la novation produite par la stipulation. Au lieu d'éteindre l'obligation préexistante, elle ne

---

(1) Gaius, IV, § 107.
(2) Inst., § 5, tit. 13, lib. IV.

fait que la modifier. C'est ce que nous montre clairement le jurisconsulte Paul dans le parallèle suivant :
« Aliam causam esse novationis voluntariæ, aliam
« judicii accepti, multa exempla ostendunt. Perit pri-
« vilegium dotis et tutelæ, si post divortium dos in
« stipulationem deducatur, vel post pubertatem tutelæ
« actio novetur, si id specialiter actum est, quod nemo
« dixit lite contestata (1). »

Ce ne sont pas seulement les priviléges qui ne sont
pas éteints par la novation judiciaire, il faut en dire
autant de tous les accessoires qui venaient garantir
la créance primitive ; car c'est une règle de droit qu'un
créancier, en poursuivant son débiteur, ne rend pas
sa position pire, mais meilleure (2). Et cela est facile
à comprendre : si le demandeur avait dû, en agissant,
perdre ses garanties comme dans la novation ordinaire, c'eût été lui enlever ses armes au moment
même où elles lui devenaient nécessaires. Le créancier conserve donc tous les avantages de l'ancienne
obligation. L'hypothèque continue de grever les biens
du débiteur (3). En exigeant une hypothèque, le créancier a eu pour but de se faire payer. Or, « solutum
« non videtur, si lis contestata cum debitore sit de
« ipso debito vel si fidejussor conventus fuerit (4). Le
cours des intérêts n'est pas interrompu. C'est ce que
nous disent les empereurs Sévère et Antonin : « Judi-
« cio cœpto usurarum stipulatio non est perempta (5). »

___

(1) L. 29, de nov., D., XLVI, 2.
(2) L. 86 et 87, de reg. juris, D., L, 17.
(3) L. 13, § 4, D., XX, 1. C. 8, au Code, de pig. et hyp., VIII, 14.
(4) L. 11, pr., de pigner. actione, D., XIII, 7.
(5) C. 1, au Code, de judiciis, III, 1.

C'est ce qu'avant eux avait dit Pomponius. « ...Etiamsi
« sortis obligatio in judicium sit deducta, adhuc tamen
« pœna crescit, quia verum est solutam pecuniam non
« esse (1). » C'est enfin ce qu'exprime Paul dans cette
phrase si laconique : « Lite contestata usuræ currunt (2). » Malgré le sens amphibologique que peuvent
présenter ces mots, nous n'hésitons pas à croire qu'ils
signifient que les intérêts continuent de courir, et
cette croyance se change en certitude, lorsque nous
les rapprochons de la loi 18, *de novationibus*, dont ils
sont la suite : car, comme cette loi, ils sont tirés du
livre 57 de Paul, *ad edictum*. La réunion de ces deux
textes fait disparaître toute obscurité ; ils s'éclairent
l'un par l'autre. Voyez plutôt : « Novatione legitime
« facta, liberantur hypotheca et pignus, usuræ non
« currunt ; lite contestata, usuræ currunt (3). » Ainsi,
si les intérêts couraient avant la *litis contestatio*, ils
continueront de courir. C'est donc à tort que certains
auteurs ont prétendu que la loi 35, *de usuris*, signifiait
que dans les actions *stricti juris*, la *litis contestatio*
faisait courir les intérêts d'une dette qui n'en produisait pas auparavant.

Une autre différence que nous devons signaler entre
la novation volontaire et la novation judiciaire, c'est
que, tandis que l'une éteint radicalement la première
obligation, l'autre ne la détruit pas si énergiquement
qu'elle ne laisse subsister une obligation naturelle (4),

---

(1) L. 00, de verb. oblig., D., XLV, 1.
(2) L. 35, de usuris, D., XXII, 1.
(3) L. 18, de nov., D., XLVI, 2 ; L. 35, de usuris, D., XXII, 1.
(4) L. 60, de cond. indebiti, D., XII, 6.

et « post litem contestatam fidejussor accipi potest :
« quia et civilis et naturalis subest obligatio (1). »

On pourrait croire que c'est par suite de la novation
judiciaire, que lorsqu'un créancier poursuit l'un de
ses débiteurs solidaires les autres se trouvent libérés,
et lorsque le créancier poursuit le débiteur principal l'obligation du *fidejussor* disparaît. Cela est
inexact, et si ce résultat est produit, c'est uniquement
parce que la stipulation étant un contrat de droit
strict, la chose due ne peut être demandée qu'une
fois, de sorte que *electione unius* l'action est éteinte ;
et ce qui prouve que tel était le motif de cette règle,
c'est qu'il n'en est pas ainsi dans les contrats de bonne
foi : « Non enim electione, sed solutione liberantur
« (2). » Du reste, la novation judiciaire est impuis-
sante à expliquer ce résultat, puisqu'il est en désac-
cord avec son principe général (3), et qu'il se produit
encore bien longtemps après que tous les *judicia* sont
devenus *imperio continentia* (4).

Nous avons dit que sur la *litis contestatio*, la position du créancier, bien loin de devenir pire, s'amé-
liorait ; son droit, en effet, devenait plus stable en ce
sens que les actions temporaires devenaient perpé-
tuelles ; et que les actions intransmissibles, soit au
point de vue actif, soit au point de vue passif, devenaient transmissibles (5). D'où l'adage « actiones quæ
« tempore vel morte pereunt semel inclusæ judicio

---

(1) L. 8, § 3, de fidej., D., xlvi, 1.
(2) L. 1, § 43, deposili vel contra, D., xvi, 3.
(3) L. 29, de nov., D., xlvi, 2.
(4) L. 28, au Code, de fidej., D., viii, 41.
(5) Inst., § 1, t. xii, lib. 4.

« salvæ permanent. » En outre, un créancier soli-
daire s'attribuait tout le bénéfice du droit de créance,
en obtenant la délivrance d'une formule contre le
débiteur (1) Il est bien vrai qu'il éteignait ainsi le
droit de ses cocréanciers, mais c'était là l'application
des principes ordinaires. Entre cocréanciers solidaires,
c'est à qui arrivera le premier, le plus diligent est
favorisé.

Gaïus voyait encore, dans le prononcé de la sentence, une nouvelle transformation du droit du créancier; l'obligation produite par la *litis-contestatio*
s'éteignait pour faire place à une nouvelle obligation
qui avait sa source dans la *res judicata*. Le droit du
demandeur subissait ainsi deux modifications successives pendant le cours du procès : « ante litem con-
« testatam debitorem dare opportere, post litem
« contestatam condemnare opportere, post condem-
« nationem judicatum facere opportere (2). »

----

(1) L. 31, § 1, de nov., D., xlvi, 2.
(2) Gaïus, iii, § 180,

DROIT FRANÇAIS.

DE LA NOVATION.
(Code Nap., art. 1271 à 1281.)

Après le payement, il n'y a pas dans notre droit de mode d'extinction des obligations plus général et d'une utilité plus pratique que la novation. Nul ne se prête mieux aux changements de volonté des parties contractantes, et aux modifications qu'elles veulent apporter dans leurs rapports réciproques. Il arrive souvent, en effet, que le créancier et le débiteur ne veulent éteindre une obligation préexistante qu'à la condition d'en créer une autre ; la novation leur en fournit le moyen, car, selon la définition que nous en donne le droit romain (1), elle substitue une nouvelle dette à une ancienne qui se trouve éteinte par la création de la seconde. Elle ne se borne pas, comme le payement, à anéantir une obligation ; opération à

____

(1) L. 1, de nov., D.

double face, elle détruit et fait naître en même temps. Mais, tandis qu'en droit romain, il était nécessaire, pour qu'il y eût novation, que cette seconde obligation fût revêtue de la forme solennelle de la stipulation, dans notre droit, au contraire, la novation a lieu de quelque manière que se fasse la nouvelle convention, pourvu, bien entendu, qu'elle réunisse les conditions exigées pour la validité des contrats.

La novation peut s'opérer de trois manières différentes : 1° lorsque le créancier et le débiteur primitifs restant les mêmes, une nouvelle dette vient prendre la place de l'ancienne ; 2° lorsque le débiteur restant le même, le créancier seul est changé ; 3° enfin, lorsqu'un nouveau débiteur est susbstitué à l'ancien, et que celui-ci est déchargé par le créancier. Dans ce troisième cas la novation s'opère tantôt par expromission, tantôt par délégation, ainsi que nous aurons occasion de le voir.

Ces trois modes de novation ne se présentent pas toujours d'une manière isolée ; ils peuvent se réunir et se combiner pour éteindre une seule obligation. On comprend, en effet, qu'il puisse y avoir tout à la fois changement de dette et changement de débiteur. Il pourrait même ne subsister aucun des éléments constitutifs de la première obligation, si une chose autre que l'objet dû primitivement a été promise à un nouveau créancier par un nouveau débiteur. A l'inverse, plusieurs dettes peuvent être novées par un seul de ces modes ; un débiteur pouvant prendre à sa charge la dette de plusieurs.

Si ces modes, que nous aurons à examiner séparément, diffèrent par la manière de se produire, ils ont cependant un point commun ; ils exigent tous, pour opérer novation, la réunion de certaines conditions, dont nous allons nous occuper en parlant du premier, nous réservant de faire connaître, en traitant des deux autres, celles qui leur sont particulières.

SECTION PREMIÈRE.

De la novation proprement dite.

§ 1.—De l'obligation qui peut être novée, et de celle qui la nove.

La novation proprement dite est celle qui a lieu par simple changement de dette, les parties contractantes restant les mêmes. Tout se passe entre le créancier et le débiteur primitifs ; ils brisent seulement le lien qui existait entre eux, pour lui en substituer un autre. Le créancier ne renonce à sa créance qu'à la condition d'en acquérir une nouvelle ; le débiteur de son côté ne consent à s'obliger que pour être libéré de sa première dette. Il en résulte que, pour que la novation puisse s'accomplir, il faut nécessairement l'existence de deux obligations, dont l'une remplace l'autre. Nous en conclurons donc qu'une dette nulle ne peut pas être novée, puisque son extinction, — on n'éteint pas le néant, — ne peut être la cause de la création d'une nouvelle ; et, réciproquement, qu'une dette valable ne peut pas être novée par une dette nulle, puisque la création de celle-ci ne saurait être la cause de l'extinction de la première. Mais s'il en est ainsi, quand l'une des dettes est nulle, devrait-il en être de même si elle n'était qu'annulable ? La question est plus délicate : et d'abord une dette valable peut-elle être irrévoca-

blement novée par une dette annulable? Ainsi, c'est
une femme qui s'est obligée, sans l'autorisation de son
mari, pour nover une dette qu'elle avait contractée
valablement avant son mariage, puis elle invoque son
état d'incapacité, et obtient l'annulation de son engagement. On se demande alors si la première dette aura
été éteinte définitivement par la nouvelle, ou si, au
contraire, la seconde ne produisant pas d'effets, la
première n'aura jamais été détruite? De ces deux
résultats, nous n'hésitons pas à accepter le dernier,
car nous pensons que l'annulation de la seconde obligation, enlevant un des éléments nécessaires à la
novation, la dette primitive n'a jamais été éteinte.
Tout se tient dans la novation, et par conséquent,
annuler la seconde obligation, c'est annuler la novation elle-même. Par l'effet rétroactif du jugement qui
a prononcé la nullité de la nouvelle obligation, cette
obligation est censée n'avoir jamais existé, la première
n'a donc pu s'éteindre, puisque cette extinction avait
pour cause la création de l'autre. Cette décision, parfaitement conforme à l'équité et à l'intention des parties, n'aurait même pas soulevé de controverses, si les
principes du droit romain n'avaient réagi sur l'opinion de ceux qui l'ont contestée. Ainsi, d'après Toullier (1), en acceptant la nouvelle obligation à la place
de l'ancienne, le créancier a éteint celle-ci avec tous
ses accessoires, et se trouve lié irrévocablement par
ce consentement. A l'appui de son opinion, il invoque
cette règle de droit : qu'une obligation une fois éteinte,
ne peut plus revivre, à moins qu'un juste motif ne

---

(1) T. vii, n° 298.

milite en faveur du créancier. Or, dit-il, dans l'espèce, le créancier ne mérite pas de protection, car il n'a à s'en prendre qu'à lui-même d'avoir contracté avec un incapable. Il argumente enfin de la loi 1, § 1, *de novationibus*, dans laquelle nous avons vu qu'une obligation valable pouvait être novée par celle contractée par un pupille *sine tutoris auctoritate*.

Ces raisons ne nous paraissent rien moins que convaincantes. Et d'abord la règle de droit qu'une obligation une fois éteinte ne saurait revivre doit être écartée, puisque nous avons déjà dit que, par l'effet du jugement qui a prononcé la nullité, la seconde obligation étant censée n'avoir jamais existé, la première n'a jamais été éteinte. Cet argument de Toullier est donc un cercle vicieux, puisque la question est précisément de savoir si la première obligation a été éteinte; et en supposant même que la règle de la glose fût applicable au cas qui nous occupe, n'admettait-elle pas un tempérament lorsque l'équité l'exigeait? Et ne serait-il pas contraire à l'équité qu'un incapable pût ainsi tirer un bénéfice de son incapacité, en violant l'art. 1312 qui nous dit que l'incapable qui fait prononcer l'annulation de son engagement, ne peut rien retenir de ce qui a tourné à son profit? Comme sa libération est pour lui un avantage incontestable, il ne peut donc continuer d'en profiter. L'argument tiré de la loi romaine ne nous paraît pas non plus avoir une grande force, car si la promesse du pupille faite *sine tutoris auctoritate* opérait novation, cela tenait à ce que le pupille s'était par là obligé naturellement. Chez nous, au contraire, les obligations contractées par les incapables sont annulables, et leur annulation prononcée n'en laisse subsister aucune trace. Il ne reste pas d'obligation naturelle. Si la loi y voyait un lien d'équité elle n'en prononcerait pas l'annulabilité. Du reste à Rome, lorsque la nouvelle dette ne contenait pas de lien naturel, lors même qu'elle eût contenu un lien civil, la novation ne s'opérait pas. Si une femme, par exemple, était venue *expromittere*, elle était protégée par l'exception tirée du sénatus-consulte Velleien, et pouvait répéter ce qu'elle aurait payé dans l'ignorance de la protection qui lui était accordée; le créancier reprenait son ancienne action.

Mais il devrait en être autrement, — et ce serait là une conséquence du principe qu'il faut voir avant tout ce qu'ont voulu faire les parties, — s'il apparaissait clairement des circonstances, que le créancier, en contractant avec l'incapable a eu réellement pour but d'échanger une créance valable contre une autre susceptible d'annulation. Dans ce cas, la première créance restera irrévocablement éteinte, quoiqu'il arrive, car son extinction n'est pas sans cause, ayant été motivée par l'acquisition d'une créance que le créancier savait annulable. Il pouvait faire purement et simplement remise de la dette; à plus forte raison a-t-il pu accorder cette remise, en recevant comme équivalent une créance qui pouvait être annulée. Mais cette intention de sa part devrait être prouvée de la manière la plus évidente, car on présume difficilement les libéralités et les renonciations.

A l'inverse, une créance annulable peut-elle être novée par une créance valable? Pour résoudre cette question il est nécessaire, selon nous, de faire une distinction et de se demander si le débiteur, qui vient valablement contracter une nouvelle obligation pour nover une dette annulable, connaissait ou ignorait le vice dont cette première obligation était entachée. Dans le premier cas, on doit voir dans le fait du débiteur une véritable renonciation à l'action en nullité de son obligation, puisque, aux termes de l'art. 1338, l'exécution volontaire d'une obligation, après l'époque où elle pouvait être confirmée, équivaut à une ratification. Or, faire novation n'est-ce pas payer, en prenant ce mot dans son sens large ! n'est-ce pas donner une satisfaction à son créancier, et par cela même reconnaitre la validité de la première obligation ! Mais dans le second cas, si le débiteur ignorait le vice de l'obligation qu'il venait nover, comme alors il n'aura pas perdu le droit de demander l'annulation de sa première obligation, nous déciderons sans hésiter, si cette nullité est prononcée, et en nous référant à ce que nous avons dit dans la question précédente, que la seconde obligation n'a pas pu se produire puisque la dette qu'elle était destinée à remplacer est censée n'avoir jamais existé, et qu'en conséquence la première dette n'a pu être novée.

Il pourrait arriver que l'une des deux obligations nécessaires à la novation fût subordonnée à une condition. Dans cette hypothèse, devons-nous suivre les principes rigoureux du droit romain et dire que la novation elle-même sera conditionnelle, et ne se produira que si la condition se réalise, parce que c'est alors seulement qu'existeront les deux obligations dont nous avons déjà démontré la nécessité? Nous ne le croyons pas; cette décision tenait trop peu de compte de la volonté des parties contractantes, pour que nous puissions l'admettre dans notre droit. La question est, selon nous, une pure question d'intention. Sans doute, si on reconnaît que les parties ont entendu ne substituer la seconde obligation à la première, qu'autant que la condition imposée à l'une de ces obligations viendrait à s'accomplir, on devra décider que la novation elle-même sera subordonnée à cette condition, et qu'à son défaut, la première obligation conservera son plein et entier effet. Mais si, au contraire, il résulte de la volonté des parties qu'elles ont voulu instantanément, et sans se préoccuper d'un événement ultérieur, remplacer une dette pure et simple par une dette conditionnelle, ou réciproquement, une dette conditionnelle par une dette pure et simple; pourquoi ne pas respecter une pareille convention, et reconnaître que la novation est dès à présent et définitivement produite? L'intention des parties à cet égard n'aura pas même besoin d'être toujours formellement exprimée; souvent elle ressortira suffisamment des circonstances. Que conclure, en effet, de la renonciation d'un créancier à une dette conditionnelle en échange d'une dette pure et simple d'une quotité moindre que s'engage à lui payer son débiteur, si ce n'est qu'il a préféré un bénéfice certain, bien que plus faible, à un bénéfice plus considérable mais soumis aux chances d'une éventualité? Qu'augurer également de la renonciation de ce créancier à une dette pure et simple en échange d'une dette conditionnelle plus forte, si ce n'est que, confiant dans le hasard, il a mieux aimé un droit plus lucratif en expectative, qu'un droit moins avantageux, quoique certain; et que le débiteur de son côté a consenti à promettre plus, pour avoir la chance de ne rien payer ? En un mot, nous devons voir dans ces opérations des contrats aléatoires qui n'ont rien de contraire à la loi.

Une dette purement naturelle peut être novée par une obligation civile. Ainsi un débiteur failli qui, grâce à un concordat, a obtenu de ses créanciers la remise d'une partie de sa dette, peut valablement s'obliger à leur payer ce qui excède le dividende qu'il leur avait promis; car, bien qu'il soit à l'abri de toute poursuite en ce qui concerne la quotité remise, il n'en reste pas moins tenu naturellement ; et il ne peut même, aux termes de l'art. 604 du Code de commerce, obtenir sa réhabilitation, qu'à la condition d'avoir payé toutes les sommes par lui dues, en principal, intérêts et frais, de sorte que ces sommes, une fois payées, il serait non recevable à en demander la répétition. Ce caractère d'obligation naturelle que nous reconnaissons à l'obligation du failli de payer la totalité de son passif, n'est pas cependant universellement admis. Quelques auteurs prétendent qu'il faut y voir jusqu'à un certain point une obligation civile, puisque si le concordataire ne la remplit pas, il est frappé d'une incapacité, et qu'il existe contre lui un moyen de coërcition. A cela nous répondons que s'il est vrai que la loi sanctionne le non-accomplissement de cette obligation, elle ne contraint directement, en aucune façon, le failli à l'accomplir, et donne seulement une prime d'encouragement à ceux qui s'y soumettent. La sanction de l'art. 604 est même, selon nous, un argument à l'appui de l'existence de l'obligation naturelle(1).

______

(1) V. la *Gazette des Tribunaux* du 6 avril 1855.

Nous ne saurions considérer comme telles, celles qui n'existent que dans le for de la conscience Cela était vrai en droit romain, où la loi refusait une action toutes les fois que les formes prescrites pour la validité civile de l'obligation n'avaient pas été observées; mais chez nous, où une obligation peut résulter d'une simple convention entre les parties, on ne comprendrait pas que la loi, tout en la reconnaissant valable au point de vue de l'équité, refusât les moyens de la faire exécuter.

Toute dette ayant une cause licite ou immorale n'étant pas reconnue par la loi, n'est pas susceptible de novation.

§ 2. — Des personnes qui peuvent nover.

Nous avons déjà vu que la novation produisait deux résultats concomitants, l'extinction et la création d'une obligation. Il est donc nécessaire, pour savoir quelles personnes peuvent valablement l'opérer, de nous placer à un double point de vue, et d'envisager séparément le créancier et le débiteur. Le créancier faisant l'abandon de sa créance doit avoir la capacité d'en disposer, et le débiteur, contractant une nouvelle obligation, doit être capable de s'obliger. Si l'une des parties contractantes était incapable, la novation n'en existerait pas moins, elle serait seulement susceptible d'annulation, et même, aux termes de l'art. 1125 du Code Napoléon, l'incapable seul pourrait, en agissant dans les délais de l'art. 1304, en faire prononcer la nullité. Il résulte de ce que nous venons de dire, que les mineurs, les interdits, les femmes mariées, ne peuvent pas valablement faire une novation. Cependant, en ce qui concerne les femmes mariées, nous ferons une distinction, car celles qui sont séparées de biens, pouvant disposer de leur mobilier et l'aliéner, nous en conclurons qu'elles peuvent nover leurs créances mobilières, ce droit étant naturellement compris dans la faculté très-étendue que leur donne l'art. 1449. Mais, selon nous, le pouvoir donné au mineur émancipé par l'art. 481, de recevoir ses revenus et d'en donner décharge, n'entraîne pas comme conséquence le pouvoir d'en faire novation sans l'assistance de son curateur ; son émancipation lui donne seulement le droit de faire « des actes de *pure* administration. » Sa capacité est d'ailleurs bien moins étendue que celle de la femme séparée de biens qui a la *libre* administration de sa fortune ; il n'y a donc pas contradiction à refuser à l'un ce qu'on accorde à l'autre. Si le mineur émancipé peut recevoir ses revenus, c'est qu'on a vu dans ce fait un simple acte de gestion, caractère que ne saurait avoir la novation, puisque pour la faire, il faut pouvoir disposer d'une créance.

Le tuteur étant le représentant légal du mineur dans tous les actes civils (450), et ayant le droit, non-seulement de recevoir les capitaux de son pupille, mais encore d'en faire emploi sans l'autorisation du conseil de famille, il faut lui reconnaître le pouvoir de faire novation des créances mobilières du mineur, sauf, bien entendu, à rendre compte de sa gestion à l'expiration de la tutelle.

Le mari, à l'exemple du tuteur, pourra-t-il faire novation des créances de sa femme ? Si les époux sont mariés sous le régime de la séparation de biens, ou si la femme a obtenu sa séparation, il est bien évident que non, puisque, c'est à la femme, et à la femme seule, qu'appartient la libre administration de sa fortune, et que nous lui avons reconnu ce pouvoir à elle-même, en ce qui touche ses créances mobilières. Quant aux créances immobilières, elle seule pourra aussi les nover, mais avec le consentement de son mari ou de justice.

Si au lieu d'être séparés de biens, les époux avaient adopté le régime dotal ou le régime exclusif de communauté, nous devrions encore donner la même décision. Dans ces deux régimes en effet, le mari n'est que simple administrateur des biens de la femme, et ce titre seul ne lui confère pas le pouvoir de faire novation.

Mais que décider, si les époux étaient mariés sous le régime de la communauté? La question est plus délicate, car elle revient à se demander si le mari a le pouvoir d'aliéner seul les propres mobiliers de sa femme, et sur cette question, de nombreuses controverses se sont élevées entre les auteurs. Selon qu'on se prononce pour l'affirmative ou pour la négative, on doit admettre, par voie de conséquence, que le mari peut ou ne peut pas faire novation des créances de sa femme.

La difficulté en cette matière tient à la rédaction de l'art. 1428; le mari, nous dit cet article, « ne peut « aliéner les immeubles de sa femme sans son consen- « ment. » Faut-il conclure de cette prohibition limi- tée, que le mari a un pouvoir plus étendu sur les meu- bles propres de la femme, et qu'il peut les aliéner sans l'autorisation de celle-ci ? Quelques auteurs (1) l'ont soutenu et corroborent cet argument *a contrario* de l'opinion de Pothier, que, suivant eux, les rédacteurs du Code ont voulu reproduire. Pothier, en effet (2), distinguant soigneusement les propres réels, c'est-à-dire les immeubles, des propres conventionnels, c'est-à-dire des meubles, enseigne, que si les premiers continuent pendant le mariage à rester la propriété du conjoint auquel ils appartiennent, et si ce conjoint seul peut les aliéner, les seconds, au contraire, se confondent avec les biens mobiliers de la communauté, qui en devient propriétaire; de sorte que le droit du conjoint qui les a apportés se borne à la répétition de leur valeur à la dissolution de la communauté, et que le mari, en qualité de chef de la communauté, peut en disposer à son gré et les aliéner. Afin d'expliquer cette différence, Pothier ajoute, que la communauté pouvant avoir la jouissance des immeubles, sans que cette jouissance en consomme le fonds, il n'est pas nécessaire qu'elle ait le droit d'aliéner ce fonds ; tandis que les meubles étant des choses qui se consomment par l'usage qu'on en fait, ou du moins qui s'altèrent et perdent leur valeur par un long usage, il a fallu les abandonner à la communauté et permettre au mari, chef de la communauté, de les aliéner, sans quoi la communauté n'en pourrait pas avoir la jouissance.

Comme argument à l'appui de ce système, on cite encore l'art. 1503, d'après les termes duquel : « Chaque

---

(1) Delvincourt, t. iii, n° 41 ; Merlin, Répert., v° Réalisation, § 1, n° 4 ; Troplong, t. iii, n°ˢ 1936-1937.

(2) De la communauté, n° 325.

« époux a le droit de reprendre et de prélever, lors
« de la dissolution de la communauté, la valeur de
« ce dont le mobilier, qu'il a apporté lors du mariage,
« ou qui lui est échu depuis, excédait sa mise en com-
« munauté. » Cet article, dit-on, tranche la question
dans le sens de Pothier, car il se sert des propres
expressions de ce jurisconsulte, et le copie mot pour
mot, pour montrer qu'il veut être son écho fidèle.

On invoque enfin l'intérêt de la femme elle-même,
pour laquelle il est bien plus avantageux d'être créancière de la valeur des meubles que de reprendre, en
qualité de propriétaire, ces meubles dégradés, dépré-
ciés et réduits à rien par l'usage qu'on en a fait.
« Par cette combinaison, dit M. Troplong (1), le ré-
« gime de la communauté concilie tous les droits :
« d'une part il veille aux intérêts de l'époux, il em-
« pêche qu'ils ne périssent, de l'autre il ne gêne pas
« à l'égard des étrangers le commerce de choses qu'il
« est souvent très-utile d'aliéner. Rien de plus sage que
« cette combinaison. »

Malgré toute la sagesse de cette combinaison, nous
ne saurions l'admettre, car toutes ces considérations
sont impuissantes à prévaloir contre ce principe, que
le propriétaire d'une chose ne peut pas, malgré sa
volonté, voir transformer son droit de propriété en un
droit de créance. Ce principe seul suffit donc pour
faire rejeter le système que nous avons exposé; mais
il est encore facile de montrer combien les raisons
qui ont été produites en sa faveur ont peu de force
réelle. Et d'abord l'argument *a contrario*, tiré de

____

(1) T. III, 1937.

l'art. 1428, nous paraît bien peu concluant. Est-ce que le silence du législateur, relativement aux meubles propres de la femme, ne s'explique pas tout naturellement par cette idée que, sous la communauté légale, les propres mobiliers étant une exception fort rare, on n'a pas songé à eux? Ne sait-on pas, du reste, que le législateur se préoccupe toujours davantage des immeubles que des meubles? L'art. 1428, d'ailleurs, indique par son texte qu'il y a des meubles de la femme dont la communauté n'est pas propriétaire, car il dit : « Que le mari peut exercer seul toutes les « actions *mobilières qui appartiennent* à sa femme. » Or la femme ne peut pas avoir une action réelle mobilière sans être propriétaire du meuble qui en est l'objet (1); et d'autre part elle a, d'après les termes de notre article, des actions personnelles mobilières et par conséquent des créances mobilières qui lui sont propres.

Quant aux raisons données par Pothier, si elles sont concluantes lorsqu'il s'agit de denrées destinées à être vendues, ou de meubles qui par leur nature sont soumis à une détérioration, elles ne nous paraissent nullement fondées, lorsqu'il s'agit de meubles, corps certains et déterminés, et surtout de meubles incorporels. Son motif principal est que la communauté ne peut avoir la jouissance des meubles qu'à la condition d'être propriétaire et de pouvoir, par la personne du mari, en disposer à son gré. Mais c'est là une idée très-inexacte et qui est contredite par les dispositions du Code dans des cas analogues. Est-ce que nous ne

---

(1) Dalloz, v° Contrat de mariage, n° 2698.

voyons pas, aux art. 588, 589, 1531, 1566 et 1567, l'usufruitier d'une part et le mari de l'autre, recevoir de la loi la jouissance de certains meubles, sans avoir le droit d'en disposer? Pothier a donc eu le tort de généraliser sa décision, d'autant plus que la manière dont il motive son opinion peut faire supposer qu'il n'avait réellement en vue que ces meubles, qui ne sont susceptibles que de quasi-usufruit, et qu'il n'avait pas arrêté sa pensée sur les autres.

Passons maintenant à l'art. 1503. Cet article peut-il être invoqué dans la discussion? Nous ne le croyons pas, car il est fait pour un cas tout spécial qui n'a rien de commun avec celui qui nous occupe. Il ne doit, selon nous, recevoir son application que lorsque les époux sont convenus de mettre tout leur mobilier en communauté, mais à la charge par celle-ci de leur tenir compte de l'excédant de la valeur de ce mobilier sur la somme jusqu'à concurrence de laquelle ils ont voulu l'en faire bénéficier; en un mot, quant il y a de la part des deux époux, ou de l'un d'eux, clause d'apport. Il n'y a donc aucun argument d'analogie à tirer de cet article, puisque, dans l'hypothèse que nous envisageons, la femme, au lieu de faire tomber son mobilier dans la communauté, à charge de récompense, a entendu en conserver la propriété.

Que répondre enfin à cette considération, qu'il vaut beaucoup mieux pour la femme devenir créancière de la valeur du mobilier que de rester propriétaire de ce mobilier exposé à tant de chances de détérioration? C'est que si cela est vrai pour certains meubles dont nous avons déjà parlé, il n'en est rien pour les plus importants, c'est-à-dire pour les créances et autres meubles incorporels. Une créance ne se déprécie pas par l'usage. M. Troplong (1) suppose des rentes sur l'État et des actions de chemins de fer variables aux moindres oscillations politiques, et il demande si « le « véritable moyen de conserver à l'époux la propriété « de ces meubles, n'est pas de le rendre créancier de « leur valeur et d'abandonner à la communauté le « droit d'en disposer d'une manière opportune. » Mais est-ce que, pour ne pas pouvoir être aliénées par le mari seul, ces valeurs sont rendues inaliénables ? Est-ce que si les circonstances exigent qu'on fasse un autre emploi des capitaux représentés par ces valeurs, la femme n'est pas là pour donner son consentement, afin que le mari puisse agir de manière à sauvegarder leurs intérêts communs ? Et en admettant qu'il résultât quelque inconvénient du refus de libre disposition laissée au mari, est-ce que ce n'est pas une loi commune à tout propriétaire d'être exposé à voir péricliter sa chose ? Cette loi, la femme la subira ; et il n'y a pas là raison suffisante pour la priver de sa propriété. Quelle a été du reste l'intention de la femme en stipulant que ses meubles lui resteront propres ? n'est-ce pas de les empêcher de tomber en communauté ? Le système que nous combattons a donc le double inconvénient de ne pas tenir compte de la volonté de la femme et de la dépouiller malgré elle.

En donnant au mari l'exercice des actions mobilières de sa femme, la loi n'a entendu lui accorder qu'un droit de conservation suffisamment justifié par son droit à la jouissance des propres mobiliers, mais elle

---

(1) Loc. cit.

n'a pas voulu lui attribuer la faculté d'en disposer. Telle est du reste l'opinion de la majorité des auteurs (1). C'est également dans ce sens que paraît se fixer la jurisprudence (2) ; nous en conclurons que le mari ne peut pas, sans le consentement de sa femme, faire novation de ces créances.

Le principe qu'il faut être capable de faire l'abandon d'une créance pour pouvoir la nover, nous servira à résoudre une question sur laquelle le Code ne se prononce pas : c'est celle de savoir si l'un des créanciers solidaires peut faire novation de la créance commune. L'art. 1198 nous disant que « la remise « qui n'est faite que par l'un des créanciers solidaires « ne libère le débiteur que pour la part de ce der- « nier, » il doit en résulter comme conséquence, que la novation consentie par un de ces créanciers ne peut pas nuire aux autres. D'ailleurs ces créanciers peuvent être considérés comme s'étant donné des mandats réciproques de recevoir la dette ; et il est évident qu'un pareil mandat n'emporte pas le droit de lui en substituer une autre, et de faire ainsi disparaître toutes les garanties de la première.

Si le créancier de plusieurs débiteurs solidaires faisait novation de sa créance avec l'un de ses débiteurs, cette novation pourrait lui être opposée par les autres débiteurs qui, aux termes de l'art. 1281, se trouveraient libérés par l'extinction de la dette. Seulement ils seraient obligés de payer au débiteur qui a nové

---

(1) Toullier, xii, 379; M. Duranton, xiv, 318 ; M. Bugnet sur Pothier, n° 325, note 1 : Rodière et Pont, ii, n° 50-53.

(2) Paris, 15 fév. 1839 ; rejet, 2 juillet 1840.

la portion qu'ils devaient définitivement supporter dans cette dette commune.

§ 3. — De l'intention de nover.

Quels que soient les cas dans lesquels la novation semble se produire, on ne doit reconnaître son existence que lorsqu'il y a eu, de la part des parties contractantes, manifestation évidente de l'intention de l'opérer. Il faut ou que cette intention ait été exprimée d'une manière formelle, ce qui alors ne laisse subsister aucun doute ; ou qu'elle ressorte des circonstances ou des termes de l'acte. C'est ce que nous trouvons dans l'art. 1273 : « La novation ne se présume point ; « il faut que la volonté de l'opérer résulte clairement « de l'acte. » Disons tout de suite pour éviter toute ambiguïté dans l'acception des termes, que par ce mot *acte*, il ne faut pas entendre l'acte matériel, l'*instrumentum* destiné seulement à faire preuve de la volonté des parties contractantes, mais la convention elle-même intervenue entre ces parties. Le Code s'est donc montré moins rigoureux et moins formaliste que Justinien dans sa constitution 8, au Code, *de novationibus*, puisqu'il exigeait une mention expresse. Nous suivons, à cet égard, la doctrine des jurisconsultes romains, doctrine qui était aussi celle des pays de droit coutumier, ainsi que nous l'apprend Pothier (1).

Il est d'autant plus nécessaire de ne voir une novation que lorsque la volonté de la faire n'est pas équivoque, que c'est un fait juridique qui entraîne à sa suite

---

(1) Traité des obligations, n° 594.

les conséquences les plus importantes, puisque le créancier fait l'abandon de son ancienne créance ; et qu'il intervient tous les jours entre créanciers et débiteurs, sans intention de nover, des opérations qui ont avec la novation une certaine analogie.

Du principe que la novation ne doit pas se présumer, il faut conclure que si quelques changements seulement ont été faits à la première obligation, s'il y a eu, par exemple, adjonction ou suppression d'une caution, augmentation ou diminution de la dette, ou bien encore concession d'un terme ; il ne faudrait pas voir dans ce seul fait un indice certain de la volonté de faire novation. C'est là une simple modification de l'obligation, et il faut dire avec Justinien (1) : « Nihil penitus priori cautelæ innovari, sed anteriora « stare et posteriora incrementum illis accedere. »

Mais il en est autrement dans certains cas où la volonté de nover résulte nécessairement de l'acte nouveau, par exemple, si le créancier avait dit qu'il se contente de la seconde obligation, ou si, comme le suppose Basnage (2), il y avait incompatibilité d'existence entre le second contrat et le premier. C'est ainsi que la cour de cassation a jugé (3) que la convention par laquelle un acquéreur s'oblige à conserver en dépôt entre ses mains le prix de la vente opère novation ; l'acquéreur, en effet, avait cessé d'être débiteur *ex emplo* pour devenir dépositaire.

Une question qui présente plus de difficultés ; car, dans ce cas, la volonté des parties est moins apparente,

---

(1) C. 8, au Code, de nov., VIII. 42.
(2) Traité des hyp., 1re partie, chap. 17.
(3) 1er juillet 1806.

est celle de savoir s'il y a nécessairement novation dans le fait d'un débiteur de s'engager à servir à son créancier une rente perpétuelle pour la somme qu'il lui doit. Cette question divisait les jurisconsultes dans l'ancien droit.

Les uns, c'était même le plus grand nombre, soutenaient que cette conversion n'opérait pas novation lorsque les parties ne s'en étaient pas formellement expliquées. En effet, disaient-ils, en acceptant la constitution de rente, le créancier n'abandonne pas ses droits sur la somme qui lui est due ; ce qu'il fait, c'est consentir à ne pas exiger cette somme tant qu'on lui en servira les intérêts ; en conséquence, l'ancienne dette subsiste toujours, quoique modifiée, c'est-à-dire que d'exigible qu'elle était, elle est devenue non exigible, sans cesser pour cela d'exister.

Mais Pothier repoussait avec beaucoup de force cette argumentation par une double raison : 1° il est de l'essence du contrat de constitution de rente que celui qui constitue la rente reçoive le prix de la constitution, et ce prix, le débiteur n'étant censé le recevoir que par la quittance que lui donne implicitement le créancier de la somme due, cette quittance, en éteignant la dette, opère novation ; 2° la nouvelle dette est bien différente de la première, l'une était une dette de capital, l'autre est une dette d'arrérages ; de sorte que le capital cesse d'être dû à proprement parler : « est in facultate luitionis, magis quam in obliga- « tione. »

Entre ces deux opinions nous n'hésitons pas à adop-

---

(1) Pothier, Traité des oblig., tome II, n° 525.

ter la seconde ; car, ce n'est pas seulement modifier une créance mais la transformer, que d'en faire d'une créance de capital exigible, une rente perpétuelle. Ce sont choses parfaitement distinctes ; c'est substituer au droit du créancier de demander le principal, le simple droit de réclamer les arrérages. Il y a donc changement de ce qui est l'objet de la dette, et par conséquent novation (1).

Par identité de motif, nous donnerions la même décision dans l'hypothèse inverse, c'est-à-dire s'il y avait conversion d'une rente en un capital exigible, et, par *a fortiori*, si, au lieu d'une rente perpétuelle, c'était une rente viagère qui fût substituée à un capital exigible. Dans ce dernier cas, en effet, la transformation de l'obligation du débiteur nous paraît plus apparente encore que dans les précédents. Il y a même une telle incompatibilité entre les deux dettes, et l'existence de la seconde détruit si radicalement la première, que le créancier ne peut pas même redemander le capital en cas d'inexécution. « Le seul défaut du paiement des arrérages de la rente n'autorise pas celui en faveur de qui elle est constituée, à demander le remboursement du capital, ou à rentrer dans le fonds par lui aliéné : il n'a que le droit de saisir et de faire vendre les biens de son débiteur et de faire ordonner ou consentir, sur le produit de la vente, l'emploi d'une somme suffisante pour le service des arrérages » (art. 1978); et qu'aux termes de l'art. suivant : « Le constituant ne peut pas se libérer du paiement de la rente en offrant de rembourser

---

(1) Toullier, t. iv, n° 280; M. Duranton, t. xii, n° 288; Caen, 21 oct. 1826.

le capital ». Disons enfin que le caractère de l'obligation est lui-même changé, puisqu'à un contrat commutatif a succédé un contrat aléatoire.

Il arrive souvent dans la pratique, — les nombreuses décisions rendues à cet égard par la jurisprudence viennent en témoigner, — que le vendeur d'un immeuble reçoit de son acheteur des lettres de change en paiement de son prix de vente. Doit-on voir dans cette acceptation du vendeur une novation de sa créance primitive? La question présente le plus grand intérêt, car dire qu'il y a novation, c'est faire perdre à ce vendeur tous les avantages de sa position, c'est lui enlever le droit d'exercer son privilége sur le prix de la chose vendue (art. 2102 et 2103), ou de demander la résolution du contrat de vente, si l'acheteur ne paie pas son prix (art. 1184 et 1654). Aussi quelques auteurs, effrayés d'un semblable résultat, se refusent-ils à admettre l'existence d'une novation. Rien, en effet, disent-ils, ne prouve que le vendeur ait entendu nover et renoncer par là à ses garanties les plus précieuses ; il faut donc appliquer l'art. 1273, la règle souveraine en cette matière : « La novation ne se présume point ; il faut que la volonté de l'opérer résulte clairement de l'acte ». Si le créancier a accepté des lettres de change, c'est uniquement pour se procurer un moyen plus facile et plus commode de recouvrer ce qui lui est dû, et la libération du débiteur est subordonnée à l'encaissement.

Ces raisons seraient graves, si elles étaient fondées, et s'il était réellement vrai, qu'admettre la novation, c'est violer l'art. 1273. Mais en est-il ainsi? N'est-il pas évident au contraire que les deux obligations ne peuvent coexister, et qu'il y a lieu de dire, avec l'adage romain : *duo repugnantia simul stare non possunt.* Et d'abord, dit-on, la libération du débiteur étant subordonnée à l'aquittement des lettres de change, la novation, si novation il y a, ne peut être que conditionnelle. Pourquoi cela? Autant vaudrait dire alors que toute novation sera conditionnelle, et ne l'admettre jamais, qu'autant que la seconde obligation aurait reçu son exécution. C'est se refuser à toute substitution immédiate d'une dette à une autre. On ajoute qu'il y aurait un trop grave inconvénient à priver le créancier des avantages que lui donne sa position de vendeur. Mais à qui la faute, s'il en est ainsi? Que n'a-t-il fait ses réserves? Que n'a-t-il spécifié que la novation serait conditionnelle? Et d'ailleurs, s'il perd des avantages, n'en acquiert-il pas de nouveaux qui pour être différents n'en sont pas moins précieux? N'aura-t-il pas, grâce à ces lettres de change, le droit de céder sa créance par simple endossement et d'obtenir contre son débiteur une condamnation entraînant la contrainte par corps? Du reste, en admettant que le créancier ne trouvât pas, dans la possession des lettres de change, une espèce d'équivalent des avantages qu'il a perdus, la novation n'en existerait pas moins! Que présuppose, en effet, une lettre de change? si ce n'est un contrat de change intervenu entre les parties, c'est-à-dire que le vendeur ayant besoin qu'une somme d'argent lui fût comptée dans une autre place de commerce à un jour donné, l'acheteur s'est obligé à la lui faire avoir; et l'obligation résultant de ce nouveau contrat est venu prendre la place de l'ancienne. Dira-t-on qu'elles doivent exister cumulativement?

Mais comment concevoir qu'un créancier ait, relativement à la même chose, deux créances munies chacune d'avantages particuliers, et entraînant des juridictions différentes ; d'un côté la juridiction civile, et de l'autre, la juridiction commerciale? La novation enfin est si peu douteuse, qu'elle est implicitement reconnue par la loi elle-même. Si nous lisons, en effet, l'art. 575 du Code de commerce, nous y voyons que le négociant qui a consigné des marchandises, pour être vendues pour son compte, peut, en cas de faillite du commissionnaire, en revendiquer le prix s'il n'a pas été payé ou *réglé en valeur*. Pourquoi cette limite imposée au droit du créancier, lorsqu'il y a eu règlement? Si ce n'est parce que la remise des valeurs a opéré une novation, et que le prix des marchandises a cessé d'être dû.

Mais que décider, si, au lieu de lettres de change, le vendeur avait reçu de son acheteur des billets à ordre? La question est plus délicate, car la transformation de la créance primitive est moins apparente, le billet à ordre ne présupposant pas comme la lettre de change un nouveau contrat entre le créancier et le débiteur, cependant nous croyons également que l'acceptation des billets emporte novation. Dans ce cas, comme dans l'autre, le vendeur a acquis une créance qu'il peut céder par endossement, sans que le cessionnaire soit forcé, pour être saisi à l'égard des tiers, de se soumettre à une des formalités exigées par l'article 1690. De sorte qu'en admettant que le vendeur a conservé ses anciennes prérogatives, à savoir : le privilége et le droit de résolution, il faudrait aller jusqu'à dire que ces avantages sont ainsi transmis, de main en main, aux différents endosseurs qui les verraient naître à leur profit, sans y avoir jamais compté. Il faut donc encore reconnaître qu'une obligation a pris la place de l'autre. Inutile de dire que le vendeur peut facilement éviter ce résultat en réservant ses droits, ou en ne libérant l'acheteur que conditionnellement, pour le cas où ses billets seraient acquittés ; car alors il serait vrai de dire que les billets n'ont été acceptés que pour faciliter le payement. S'il n'a pas pris cette sage précaution, il n'y a rien d'inique à ce qu'il en supporte les conséquences.

Lorsqu'il n'y a pas incompatibilité entre les deux obligations, lorsque la seconde, par exemple, n'intervient que pour donner de la force à la première, il faut alors ne pas perdre de vue le principe que la novation ne se présume pas. C'est ainsi que la Cour de cassation a jugé avec raison (1) qu'une dette commerciale ne perd pas ce caractère et n'est point convertie en une obligation civile, par cela qu'elle est reconnue par acte notarié et garantie par une hypothèque. Le débiteur continue à être justiciable du tribunal de commerce et contraignable par corps ; car la garantie hypothécaire que vient donner le débiteur à son créancier, ne change en rien la nature de la dette.

La question de savoir s'il y a novation étant, avant tout, une question d'interprétation de la volonté des parties contractantes, et d'appréciation de fait, il en résulte que les Cours impériales sont souveraines pour en décider, et qu'en conséquence leurs arrêts, en cette matière, échappent à la censure de la Cour de cassation.

---

(1) 24 février 1826.

Cependant si des termes mêmes de l'arrêt, et sans entrer dans le détail des faits, il ressortait d'une manière évidente que l'art. 1271 a été manifestement violé, si par exemple, une cour avait reconnu l'existence d'une novation, en s'appuyant sur un motif autre qu'un changement de dette, ou un changement dans la position des parties, nous croyons qu'il pourrait y avoir, mais dans ce cas seulement, ouverture à cassation.

§ 4. — Des effets de la novation.

La novation étant, ainsi que nous l'avons vu au commencement de ce travail, un des principaux modes d'extinction des obligations, il en résulte qu'elle produit les mêmes effets qu'un paiement, et qu'avec l'obligation novée, disparaissent en même temps tous ses accessoires.

Si le créancier avait plusieurs débiteurs solidaires, la novation faite avec l'un d'eux libère tous les autres (art. 1281, al. 1.). Si la dette était garantie par des cautions, les cautions sont également libérées (article 1281, al. 2). Si la dette enfin était privilégiée ou hypothécaire, les priviléges et hypothèques tombent avec elle et ne passent point à l'obligation qui lui est substituée. La rigueur de cette conséquence est telle que les créanciers, afin de ne pas perdre des avantages aussi précieux, n'auraient probablement jamais voulu se prêter à une novation, si la loi ne leur avait donné le moyen de les conserver. Aussi voyons-nous que l'art. 1278, reproduisant les dispositions de la loi 12, § 5, *D.*, *qui potiores in pignore*, permet au créancier de transférer à la seconde dette les hypothèques qui étaient attachées à la première. Mais comme c'est là une dérogation aux principes rigoureux du droit, il faut que la réserve du créancier à cet égard soit formellement exprimée. Il est bien entendu que cette réserve ne doit nuire en aucune façon aux autres créanciers du débiteur ; en conséquence, si on a substitué une dette plus considérable à une dette d'une quotité moindre, on ne pourra rattacher les hypothèques de la première créance à la seconde, que jusqu'à concurrence seulement de la valeur de cette première créance. Les créanciers postérieurs, en effet, n'ont pas pu compter sur un prélèvement plus considérable que celui qui était nécessaire pour payer la créance qui les primait.

Si un créancier fait novation avec l'un de ses débiteurs solidaires, il ne peut, aux termes de l'art. 1280, réserver les priviléges et hypothèques de l'ancienne créance que sur les biens de celui qui contracte la nouvelle dette. Mais rien ne ferait obstacle à ce qu'il en fût autrement, si les autres débiteurs y consentaient, car rien n'empêche un étranger d'hypothéquer son immeuble à la dette d'autrui. L'article veut dire seulement que la réserve ne peut pas se faire en dehors de ces débiteurs. Il importe, en effet, qu'ils sachent que leurs hypothèques sont réservées, afin qu'ils puissent surveiller le débiteur personnel.

Malgré la disposition formelle de notre article, Toullier prétend (1) que le créancier peut sans aucune réserve retenir par le fait les hypothèques qui grevaient

---

les biens des débiteurs libérés; et, pour soutenir cette opinion, il se fonde sur la contradiction qui existe, selon lui, entre cet art. 1280-1°, et l'art. 1251, al. 3. Voici comment il raisonne : J'ai trois débiteurs solidaires qui tous m'ont consenti des hypothèques sur leurs biens, je fais novation avec Tertius, l'un d'eux, les autres sont libérés; mais je n'en conserve pas moins les hypothèques. Tertius, en effet, qui a fait novation de la dette commune, peut venir dire aux autres : « J'ai géré votre affaire, vous êtes libérés par
« mon fait, et comme vous deviez supporter une
« partie de la dette, j'ai un recours contre vous, j'ai
« même le bénéfice de la subrogation légale, car j'ai
« payé étant tenu avec d'autres ou pour d'autres
« (art. 1251, § 3). J'ai donc pour assurer mon recou-
« vrement les hypothèques qu'avait notre créancier;
« mais ce créancier est devenu exclusivement le mien
« par la novation, il peut donc exercer contre vous,
« mes débiteurs, tous les droits et actions qui m'ap-
« partiennent (1166), et en conséquence profiter des
« hypothèques qu'il avait antérieurement sur vos
« biens. »

Il est vrai que dans l'opération telle que la présente Toullier, Tertius est subrogé et peut valablement invoquer l'art. 1251, § 3, contre ses codébiteurs; les hypothèques ne sont pas éteintes pour tout le monde. Mais Toullier se trompe, en disant que les hypothèques sont réservées; le créancier les avait avant la novation *proprio nomine*, et depuis la novation, il ne les a plus que *nomine Tertii*. Si celui-ci devient insolvable, ce qui sera payé par les codébiteurs tombera dans la masse commune de ses biens, et sera partagé entre tous ses créanciers; tandis que si le créancier avait agi de son chef, si, en un mot, il avait pu se réserver les hypothèques, il aurait profité seul, et à l'exclusion de tous autres, des avantages qui en résultaient. Toullier s'est donc trompé, en voyant une contradiction entre deux articles qui ont chacun leur raison d'être, et condamne lui-même son opinion, en reconnaissant que le créancier invoquera l'art. 1166.

L'art. 1281 vient encore au secours du créancier qui, tout en voulant faire novation, ne voudrait pas sacrifier les avantages qui étaient attachés à sa créance; en lui permettant d'exiger l'accession à la nouvelle dette des codébiteurs ou des cautions qui se seraient trouvés libérés par une novation pure et simple. Par cette réserve, le créancier subordonne la novation à la condition que les codébiteurs et les cautions accéderont au nouvel arrangement, et si cette condition ne s'accomplit pas, la novation n'ayant jamais eu lieu, il conservera son ancienne créance, telle qu'elle était. Ce résultat a l'avantage de rendre inutile le mauvais vouloir des codébiteurs et des cautions d'empêcher, par leur refus d'accéder, la novation de s'opérer, puisque, quoi qu'ils fassent, ils seront toujours obligés, soit en vertu de la seconde obligation, s'ils y adhèrent, soit en vertu de la première qui n'aura jamais cessé de subsister, s'ils ne veulent pas accéder à celle qui devait prendre sa place.

SECTION II.

De la novation par changement de créancier.

Cette novation a lieu « lorsque par l'effet d'un nouvel engagement un nouveau débiteur est substitué à l'ancien, envers lequel le débiteur se trouve déchargé » (1271, al. 3). Tel serait le cas où, voulant faire bénéficier Tertius du montant d'une créance contre Secundus, Primus libérerait celui-ci, à la charge par lui de s'obliger envers Tertius. Pour que cette novation puisse s'opérer, il faut donc que le débiteur consente à contracter un nouvel engagement envers le nouveau créancier. A défaut de ce consentement qui est indispensable et ne peut être exigé, la seule ressource qui soit offerte à celui qui veut faire profiter un tiers de la valeur d'une créance qu'il a sur un autre ; la seule ressource, disons nous, est de procéder à une cession de créance.

Quoiqu'au premier abord le résultat semble le même, qu'il y ait eu novation ou qu'il y ait eu cession, il faut bien se garder de confondre les deux opérations et leurs conséquences. Dès le moment que la novation a eu lieu, les accessoires et les garanties de la créance disparaissent avec elle. La cession, au contraire, ne détruisant pas l'obligation, conserve la créance avec tous ses avantages (art. 1692). Cette différence ressort clairement de la loi 1, au Code, *de novationibus* : « De-
« legatio debiti nisi consentiente et stipulanti promit-
« tente debitore jure perfici non potest. Nominis au-
« tem venditio et ignorante vel invito eo adversus
« quem actiones mandantur contrahi solet. »

Toullier n'admet pas que le seul changement de créancier suffise pour opérer une novation, il exige de plus que la nouvelle obligation ait un autre objet que la première. Voici, du reste, comment il s'ex-

prime (1) : « Il faut supposer que le nouvel engagement
« que le débiteur contracte envers le nouveau créan-
« cier, de l'ordre de l'ancien, a un autre objet que la
« première obligation ; car s'il avait le même, le nou-
« vel engagement ne produirait point d'autre effet que
« celui d'un transport de créance, qui substitue, à la
« vérité, un créancier à un autre, mais non pas une
« nouvelle obligation à une ancienne. Par exemple,
« vous me devez 10,000 fr., je vous en tiens quitte, à
« condition que vous consentirez à Paul une obliga-
« tion de pareille somme. Si, au contraire, je vous
« tiens quitte de 10,000 fr. que vous me devez, à con-
« dition que vous donnerez à Paul tant de tonneaux
« de vin, il y a substitution d'un créancier à un autre ;
« mais il y a aussi substitution d'une obligation à une
« autre dont l'objet est différent, et par conséquent
« novation. »

Nous n'hésitons pas à voir dans cette doctrine une
erreur évidente de la part de Toullier ; nous disons
évidente, car son opinion est manifestement contraire
aux termes de l'alinéa 3 de l'art. 1271, qui n'exige,
pour qu'il y ait novation, que le changement de créancier, sans parler le moins du monde d'un objet nouveau dans l'obligation. Et Pothier, que les rédacteurs
du Code ont suivi pas à pas dans cette matière, dit
textuellement (1) : « Que lorsque la novation se fait
« avec l'intervention d'un nouveau débiteur ou d'un
« nouveau créancier, la différence de créancier ou de
« débiteur est une différence suffisante pour rendre

____

(1) T. iv, 174.
(2) Traité des obligations, t. ii, n° 597.

« la novation utile, sans qu'il soit nécessaire qu'il en
« intervienne d'autre. »

Ce serait une grave erreur que de voir une novation par changement de créancier dans la simple indication faite par le créancier d'une personne qui doit recevoir pour lui (art. 1277). Cette indication n'établit aucun lien de droit entre la personne indiquée et le débiteur. Celui qui a fait l'indication continue de rester le seul créancier ; et la personne désignée pour recevoir ne pourrait pas critiquer les paiements qui lui seraient faits par le débiteur, car on comprend que le créancier a pu revenir sur sa décision et toucher par lui-même ce qui lui était dû et n'était dû qu'à lui.

Nous verrons dans une section suivante qu'il y a encore novation par changement de créancier dans le cas où un débiteur fait délégation de son propre débiteur à son créancier, pour en obtenir sa libération, et où le délégué consent à s'engager vis-à-vis du délégataire, moyennant sa propre libération que lui accorde le délégant. Par l'effet de son nouvel engagement, le délégué se trouve réellement avoir changé de créancier et nous nous trouvons dans le troisième cas de l'art. 1271. Nous verrons même que, dans ce cas, il y a novation tout à la fois par la substitution d'un débiteur à un autre, et par changement de créancier, de sorte qu'il y a extinction de deux dettes, 1° celle qui existait du délégant au délégataire, et 2° celle du délégué au délégant.

Disons en terminant qu'en dehors des cas de délégation, la novation par simple changement de créancier est d'une application très-rare dans la pratique ;

On lui préfère de beaucoup le mode plus simple, plus prompt et plus avantageux, de la cession de créance.

SECTION III.

De la novation par changement de débiteur.

Nous arrivons à une troisième espèce de novation qui s'opère par la substitution d'un nouveau débiteur. Cette substitution peut se produire de deux manières différentes : la première a lieu lorsque le nouveau débiteur offre, de son propre mouvement, d'acquitter l'obligation de l'ancien débiteur vis-à-vis de son créancier ; la seconde, lorsque c'est l'ancien débiteur qui présente lui-même le nouveau à son créancier. Dans un cas il y a expromission, dans l'autre, délégation.

Nous allons nous occuper ici de l'expromission seulement, renvoyant tout ce qui concerne la délégation à la section suivante.

Pour que cette espèce de novation puisse avoir lieu, il faut avant tout et nécessairement le consentement du créancier, qui ne peut jamais être contraint à accepter un nouveau débiteur, quelles que soient du reste sa solvabilité et les garanties qu'il présente, et quelque avantageuse que dût être cette substitution. Le créancier est le souverain juge en cette matière, et peut toujours invoquer les termes de l'art. 1243 ; « Le créancier ne peut être contraint à recevoir une autre chose que celle qui lui est due, quoique la valeur de la chose offerte soit égale ou même plus grande. »

Si le consentement du créancier est indispensable

pour qu'il y ait novation par changement de débiteur, il n'en est pas de même de celui du premier débiteur, et l'art. 1274 nous dit textuellement qu'on pourrait s'en passer. On peut même aller plus loin et dire que la novation peut avoir lieu malgré ce débiteur. Ce n'est qu'une conséquence de ce principe général : qu'un tiers peut payer la dette d'un débiteur malgré son opposition, conformément à la décision de la loi romaine : « Solvere pro ignorante et invito cuique « licet, cum sit jure civili constitutum licere etiam « ignorantis invitique meliorem conditionem fa- « cere » (1). Si le créancier au lieu du payement, consent à accepter l'obligation d'un tiers, le débiteur n'a pas le droit d'y mettre obstacle. C'est en vain qu'on viendrait objecter que personne n'est tenu d'accepter une libéralité. Cela est très-vrai quand la libéralité est directe, mais dans l'espèce, c'est l'intervention qui est directe, et la libéralité n'a lieu que par voie de conséquence. Le débiteur ne peut donc pas s'y refuser.

S'il importe peu au point de vue de la novation qu'il y ait eu consentement ou opposition du débiteur, il n'en est pas de même en ce qui concerne l'étendue de l'action que le tiers, qui s'est obligé à sa place, aura contre lui. Si c'est par ordre de l'ancien débiteur que le nouveau a assumé sur lui la charge de l'obligation, nous devons appliquer les règles du mandat, et dire que ce nouveau débiteur aura action pour se faire rembourser tout ce qu'il a payé par suite de son obligation.

---

(1) L. 53, de sol., D., xlvi, 3.

Si c'est à l'insu du débiteur que l'intervention a eu lieu, ce ne seront plus les principes du mandat, mais ceux de la gestion d'affaires qu'il faudra appliquer, c'est-à-dire donner à l'intervenant une action pour le faire rembourser ce que lui aura coûté la libération du débiteur.

Si c'était au su et malgré l'opposition du débiteur, l'*expromissor* ne pourrait agir que par une espèce d'action *de in rem verso*, c'est-à-dire jusqu'à concurrence seulement des avantages que le débiteur primitif aurait retiré de l'intervention. Ainsi, dans les deux premiers cas, les intérêts, suivant les principes du mandat (art. 2001,) sont dus à l'*expromissor* du jour où il commence lui-même à en devoir, ou du jour du payement. Dans le troisième cas, ils ne lui seraient dus que du jour de la demande en justice (art. 1153), à moins que la dette éteinte ne fût productive d'intérêts. Ainsi encore l'action de ce tiers qui est intervenu malgré le débiteur pour le libérer, se prescrira par le laps de temps qui restait à courir pour la prescription de la dette éteinte, tandis que l'action *mandati*, et l'action *negotiorum gestorum*, ne se prescrivent que par trente ans, à compter du jour de l'*expromissio* (art. 2262). Encore faut-il remarquer que dans le troisième cas, le juge devra examiner attentivement les circonstances, desquelles il pourrait résulter que l'*expromissor* est intervenu par pure libéralité et ne doit dès lors avoir aucun recours. Dans ce dernier cas, il y aurait lieu à l'application de toutes les règles spéciales à la matière des donations.

Il faut du reste bien distinguer, pour savoir s'il y a novation, c'est-à-dire extinction de la dette du premier débiteur, dans quel esprit le tiers intervenant entend s'obliger, et quelle est la portée de l'acte passé entre lui et le créancier. En effet, le nouveau débiteur a pu s'engager de trois manières : ou purement et simplement, ou seulement pour le cas où le débiteur n'acquitterait pas son obligation, ou enfin avec intention manifeste de le libérer, en prenant son lieu et place. Dans le premier cas, il n'y a pas novation, ce n'est là qu'un cas de garantie, une sûreté plus grande, donnée au créancier, de l'exécution de l'obligation. Il n'y a pas *expromissio* mais *adpromissio*. L'obligation reste la même ; seulement un nouveau débiteur est venu se joindre au premier. L'un et l'autre peuvent être contraints à payer la totalité, mais l'un payant, l'autre se trouve libéré. « *Uterque tenetur, sed altero solvente, alter liberatur* » (1).

Si le tiers qui s'oblige ne s'engage que pour le cas où le premier débiteur n'exécuterait pas lui-même l'obligation, cet engagement constitue un véritable cautionnement, et il n'y aura pas non plus de novation opérée.

La novation n'aura donc lieu que dans le troisième cas, et lorsque le créancier aura consenti à libérer le premier débiteur. Mais il n'est pas nécessaire que cette volonté soit exprimée d'une manière formelle, il suffit qu'elle résulte des termes de l'acte. Cependant, comme aux termes de l'art. 1273, la novation ne se présume pas, il ne faut reconnaître son existence qu'en présence d'indices certains de la volonté de l'opérer.

L'art. 1279 répondant à la question de savoir ce que

---

(1) L. 8, de nov., D., xlvi, 2.

deviennent, en cas de novation par changement de débiteur, les priviléges et hypothèques de l'ancienne créance, nous dit « qu'ils ne peuvent point passer sur les biens du nouveau débiteur. » Cette solution est si raisonnable, si conforme à l'équité, qu'il semble qu'il était inutile d'en faire un texte de loi, car l'opinion contraire ne pouvait venir à l'esprit de personne. Il est clair que le nouveau débiteur ne peut pas avoir ses biens grevés par les hypothèques de la première créance; qu'il n'y a, par suite de la novation, rien de commun entre les deux créances, et que, pour sûreté de la seconde, il n'y a possibilité pour le nouveau débiteur que de consentir sur ses propres biens une hypothèque nouvelle qui ne peut prendre rang qu'à partir de son inscription. Pas de difficulté à cet égard; mais notre article a donné naissance à une question sur la solution de laquelle il s'est élevé des doutes sérieux et de nombreuses controverses. Il s'agit de savoir si l'hypothèque peut être réservée sur les biens de l'ancien débiteur, sans sa coopération, par la seule volonté du créancier et du débiteur nouveau. Le Code est muet sur la question, et il semble, au premier abord, que cela peut se faire sans difficulté, puisque le débiteur primitif est libéré de l'action personnelle, pour n'être plus tenu que de l'action hypothécaire; ce qui constitue toujours un avantage pour lui, et que rien ne s'oppose à ce qu'une personne soit tenue hypothécairement pour la dette d'un autre.

Mais Pothier (1) décidait le contraire en se fondant sur le principe qu'une chose ne peut être hypothéquée

---

(1) Traité des obligations, t. II, n° 599.

sans le consentement de son propriétaire. Ce raison-
nement passe à côté de la question. Il ne s'agit pas,
en effet, d'hypothéquer les biens du débiteur primitif,
mais de réserver au créancier une hypothèque déjà
existante. Un nouveau débiteur s'oblige ; le créancier
se borne à dire : « Je consens à libérer mon débiteur
moyennant votre obligation nouvelle et la non-extinc-
tion de mes droits hypothécaires. » La preuve qu'il ne
s'agit pas de la constitution d'une nouvelle hypothèque, c'est que Pothier lui-même appelle cette opération : translation de l'hypothèque d'une dette à l'autre.
C'est un texte du jurisconsulte Paul (1) mal compris
par Pothier qui est cause de son erreur. Nous avons
démontré, en effet, dans la partie de ce travail qui
traite du droit romain, que ce texte prévoyait un cas
autre que celui qui nous occupe, et que le jurisconsulte avait simplement voulu dire que, si la novation
ayant été faite sans réserve aucune, le nouveau débiteur voulait hypothéquer les biens de l'ancien,
cette constitution nouvelle d'hypothèques ne pourrait pas avoir lieu sans la coopération de ce dernier.

Certains auteurs (2) prétendent que les rédacteurs
du Code n'ont pas admis la théorie de Pothier, et
s'appuient principalement sur la généralité des termes
de l'art. 1278. Il faut admettre cependant que le législateur a suivi, tout déraisonnable qu'il était, le
système de son guide ordinaire, et son intention
nous paraît résulter péremptoirement des termes de
l'art. 1280. Cet article suppose un créancier qui a

---

(1) L. 30, de novationibus, D., XLVI, 2.
(2) Toullier, t. IV, n° 312 ; Zachariæ, t. II, n° 323.

plusieurs débiteurs solidaires, et de plus des hypothèques sur les biens de chacun. Il fait ensuite novation
avec l'un de ces débiteurs, et le Code décide que le
créancier ne peut réserver les hypothèques que sur les
biens de celui qui est resté dans l'obligation. Nous
devons nécessairement conclure de cette disposition
particulière, qu'un créancier ne peut réserver ses
hypothèques sur les biens de son ancien débiteur sans
sa participation. Il y a même, dans ce cas, un motif
bien plus puissant pour le décider ainsi, que dans le
cas de codébiteurs solidaires. On aurait pu admettre,
en effet, que la réserve du créancier, en faisant novation avec l'un de ces débiteurs, produirait son effet sur
les biens des autres, car nous savons qu'on peut les
considérer entre eux comme des mandataires réciproques *ad perpetuandam obligationem*, ce qui n'existe pas
lorsque le débiteur qui a fait novation, est complètement étranger, au point de vue de l'obligation, à l'ancien débiteur.

SECTION IV.

De la délégation.

§ 1. — De son caractère et de ses signes distinctifs.

La délégation est un contrat par lequel un débiteur
donne à son créancier une créance sur un tiers qui
s'oblige à son tour envers ce créancier.

Cette délégation, de la part du débiteur, peut avoir
l'u de deux manières différentes : le second débiteur
peut devenir le coobligé du premier, sans que celui-ci
soit déchargé de la dette, ou bien il peut prendre sa
place et rester seul engagé envers le créancier. Dans

le premier cas ; la délégation est imparfaite, il ne s'opère pas de novation, et y il a concours de débiteurs : dans le second, au contraire, la délégation est parfaite et il y a novation par substitution de débiteur.

Pour qu'il y ait délégation, il faut le concours de trois personnes, celui du débiteur délégant, celui du créancier délégataire et celui enfin du débiteur délégué. La nécessité de ce triple concours est même un des caractères distinctifs de la délégation et empêche de la confondre avec l'expromission qui, d'après l'art. 1274, peut s'opérer sans le concours du premier débiteur, et avec la cession de créance. Nous avons déjà fait connaître les autres différences qui séparent et te dernière opération de toute novation par changement de créancier, et l'importance qu'il y a à les distinguer.

La délégation diffère aussi de la subrogation en ce que : 1° elle a toujours lieu entre trois personnes, et la subrogation entre deux seulement; 2° l'une est toujours produite par la convention des parties et l'autre se produit quelquefois par la seule force de la loi ; 3° enfin, le subrogé acquiert la créance même du subrogeant avec tous ses accessoires utiles, tandis que le délégataire acquiert une créance tout autre que celle du délégant, laquelle est complètement éteinte.

Pour que la délégation emporte novation, il faut, dit l'art. 1275, que le créancier ait expressément déclaré « qu'il entendait décharger son débiteur qui a fait la délégation. » En effet, à moins de preuve contraire, on doit naturellement supposer que l'intention du créancier a été bien plutôt d'augmenter ses chances d'être payé par l'accession d'un nouveau débiteur que d'abandonner ses droits contre le premier, pour recevoir en échange une créance sur le second. Cependant, malgré les termes de l'article qui semblent exiger une déclaration expresse de décharge, nous croyons avec Toullier (1) et M. Duranton (2) que cette décharge peut résulter des termes de l'acte s'ils étaient de nature à ne pas laisser de doute sur la volonté du créancier de se contenter de la seule obligation du délégué ; comme, par exemple, s'il avait dit qu'il accepte le délégué pour son seul débiteur. Notre Code, en effet, a rejeté dans toutes ses dispositions la nécessité des termes sacramentels. Le législateur a compris que l'important, ce n'étaient pas les mots, mais la pensée dont ils ne sont que les révélateurs et les interprètes ; il a toujours préféré l'esprit à la lettre.

§ 2. — Des effets de la délégation.

L'effet principal de la délégation, celui qui la rend d'un usage si fréquent dans la pratique, est, par suite de la novation qu'elle opère, de libérer le débiteur. Le créancier ne se trouve plus qu'en présence du délégué, et ne peut nullement inquiéter le délégant. Cependant il est possible que sa créance contre le délégué soit rendue inefficace à cause de l'insolvabilité de ce dernier. Voyons dans ce cas s'il peut agir contre le délégant, et dans quelles limites? Ces limites sont posées par l'art. 1276 du Code dans les termes suivants : « Le créancier qui a déchargé le débiteur par qui a été faite la délégation, n'a point de recours contre ce

---

(1) T. IV, n° 290.
(2) T. XII, n° 524.

débiteur si le délégué devient insolvable, à moins que l'acte n'en contienne une réserve expresse, ou que le délégué ne fût déjà en faillite ouverte ou tombé en déconfiture au moment de la délégation. » Sans nous arrêter au vice de rédaction de cet article qui indique comme exception, une disposition en dehors de la règle, car il dit que le créancier n'aura de recours contre le délégant *s'il devient insolvable*, que s'il était *déjà* en faillite ou tombé en déconfiture *au moment de la délégation*, ce qui implique contradiction dans les idées; sans nous arrêter, disons-nous, à cette bizarrerie, nous ferons remarquer que l'art. 1276 déroge aux principes rigoureux de la novation. La novation, en effet, est un mode d'extinction aussi énergique que le payement. Le débiteur délégant, lorsque son créancier a accepté le délégué qu'il lui offrait, devrait donc être, en bonne logique, dans une situation identique à celle d'un débiteur qui s'est libéré par la numération des espèces. Mais comme le résultat est loin d'être le même pour le créancier, la loi a reculé devant une assimilation complète, en déclarant que le délégant serait responsable de l'insolvabilité du délégué, mais au moment de la délégation seulement, à moins de réserve expresse à cet égard. Comme c'est au moment même de la délégation que le débiteur est déchargé, il ne faut pas que le créancier reçoive en échange un droit qui n'est qu'illusoire et irréalisable. Si cette décision n'est pas parfaitement logique, elle est du moins conforme à l'équité. Mais, bien entendu, quoique notre texte ne le dise pas, il n'y a lieu de l'appliquer que dans les cas où, au moment de la délégation, le créancier ignorait la position malheureuse du délégué.

S'il la connaissait, il n'a à s'en prendre qu'à lui-même d'avoir fait une mauvaise opération. Il est d'ailleurs censé avoir fait remise de la dette. La loi vient quelquefois en aide à ceux qui se trompent de bonne foi; mais elle ne doit nulle protection à ceux qui agissent en connaissance de cause, quelque désastreuses que doivent être les conséquences de leurs actions.

De ce que la loi vient au secours du créancier, en cas d'insolvabilité du délégué, lorsqu'il y avait réserve expresse de sa part, ou qu'au moment du contrat, le délégué était en état de faillite ou de déconfiture; il n'en faudrait pas conclure que l'on doive considérer comme non avenue la novation qui s'est opérée, et faire revivre l'ancienne créance. Son extinction est absolue, radicale, indépendante des circonstances postérieures qui ne peuvent pas rétroagir sur elle. Rien ne saurait la faire renaître, elle est et demeure éteinte avec tous ses accessoires. Le recours du créancier n'a pour objet qu'une indemnité contre son ancien débiteur. L'action que lui accorde la loi prend sa source dans l'obligation de garantie et non dans l'existence de l'ancienne obligation. Ce résultat semble si rigoureux à quelques auteurs, qu'ils refusent de l'admettre, et se fondant précisément sur la perte des accessoires de la créance, qui sont souvent les seules garanties efficaces du créancier, ils veulent que la novation soit regardée comme non avenue; mais ils ne remarquent pas que la rédaction même de l'article condamne leur opinion, car le recours n'a lieu précisément que par suite de l'extinction de la créance. C'est parce que le créancier éprouve un préjudice de l'extinction de cette créance, qu'il a droit à une indemnité.

On peut mettre en regard de la disposition de l'art. 1276, ce qui se passe en cas de cession de créance. Le cédant n'est tenu que de garantir l'existence de la créance. Peu importe que le cédé soit ou devienne insolvable, il n'y a pas lieu à garantie. Mais, peut-on dire, la délégation que fait un débiteur a beaucoup d'analogie avec la cession qu'il ferait d'une créance contre le délégué, car il est à peu près certain que le délégué était le débiteur du délégant. Pourquoi donc le cédant n'est-il pas tenu de garantir, comme dans le cas de délégation, la solvabilité au moins actuelle? La seule réponse qu'il y ait à faire pour expliquer cette différence, c'est que dans le cas de délégation le délégataire rend service au délégant, car il aurait bien pu ne pas accepter la délégation; il n'est pas un spéculateur, et n'a pas eu pour mobile de faire un gain. Quand il y a cession de créance, au contraire, il y a une spéculation, et la loi n'aime pas les spéculateurs, les acheteurs de créances, *fortunis alienis inhientes*, suivant l'énergique expression de la loi romaine; tandis que la loi voit sans peine et sans prévention la délégation (1).

Il est possible que le délégué se croyant faussement débiteur du délégant, se soit obligé par erreur envers le délégataire et que cette erreur vienne plus tard à être reconnue. Que doit-il arriver dans ce cas? et le délégué sera t-il tenu de remplir son obligation? Pour répondre à cette question, il est nécessaire de faire,

---

(1) M. Bugnet, à son cours.

au préalable, une distinction, car la solution sera différente suivant les cas; il peut arriver, en effet, ou que le délégataire soit réellement créancier du délégant, ou qu'il ne le soit pas. Dans le premier cas, le délégué ne peut se refuser à accomplir son obligation, en invoquant l'erreur qui a fait qu'il s'est engagé. Cette erreur ne peut être préjudiciable qu'à celui qui l'a commise et non au créancier qui ne fait que recevoir ce qui lui est dû, *qui suum recepit*, comme dit la loi romaine (1); toute la ressource du délégué se borne à un recours contre le délégant dont il a payé la dette, et qui ne doit pas s'enrichir à ses dépens.

Mais il en serait tout autrement si le délégataire n'était pas le créancier du délégant, soit que celui-ci se soit cru faussement son débiteur, soit que sachant ne lui rien devoir, il ait voulu lui faire une pure libéralité. Le délégué peut refuser de lui payer le montant de la délégation, en prouvant qu'il n'était point débiteur du délégant.

La raison de cette différence de solutions dans les deux cas, est facile à comprendre. Dans le premier, c'est-à-dire, lorsque le délégataire était réellement créancier du délégant, il souffrirait un véritable dommage, il serait en perte puisqu'il a déchargé son débiteur primitif, si le délégué pouvait se refuser à lui payer le montant de la délégation, et, ainsi que nous l'avons dit, il n'a aucune faute à s'imputer.

Dans le second cas, c'est-à-dire lorsque le délégataire n'est pas créancier du délégant, il ne court pas la chance de perdre, il ne s'agissait pour lui que d'un

______

(1) L. 12, de nov., D., XLVI, 2.

gain à réaliser. Le délégué, au contraire, en payant, s'expose à perdre, car son recours contre le délégant qui peut-être est insolvable, ne lui offre qu'une bien faible garantie. La position du premier est de beaucoup préférable à celle du second ; il est donc juste qu'on vienne à son secours.

On voit par ce que nous venons de dire, qu'il n'est pas nécessaire, pour qu'il y ait novation, que le délégué soit débiteur du délégant, quoique ce soit là le cas le plus ordinaire. Il est possible que le délégué s'oblige dans le seul but de faire une libéralité au délégant, en s'engageant, sur sa présentation, vis-à-vis du créancier, à payer ce qui lui est dû. Il y a en effet substitution de l'obligation du délégué à celle du délégant qui se trouve éteinte.

Mais lorsque celui qui se laisse déléguer est débiteur du délégant, il s'opère une double novation : 1° novation de l'obligation du délégant envers le créancier, et 2° novation de l'obligation du délégué envers le délégant. Il pourrait même s'en opérer un plus grand nombre ; il n'y a pour cela qu'à supposer une série de personnes qui, toutes, seraient débitrices les unes des autres de la même somme ; par exemple, Primus doit à Secundus, Secundus à Tertius, Tertius à Quartus qui, lui, n'est débiteur de personne. On peut arriver par les délégations successives à ne laisser subsister que la dette de Primus envers Quartus et à éteindre ainsi toutes les dettes intermédiaires, ce qui est de nature à faciliter considérablement les opérations, surtout quand on agit sur une vaste échelle. Rien n'empêche de multiplier à l'infini le nombre des débiteurs, le résultat sera toujours le même.

Le délégué qui s'est obligé envers le créancier d

délégant, sans avoir eu le soin de faire ses réserves, ne peut plus opposer les exceptions qu'il eût pu faire valoir. « Doli exceptio quæ poterat deleganti opponi « cessat in persona creditoris, cui quis delegatus est « idemque est in cœteris similibus exceptionibus. (1) »

Cette solution sera la même, soit que le délégué ait su, soit qu'il ait ignoré l'exception qu'il pouvait opposer à son créancier. S'il la connaissait, que ne l'a-t'il déclarée au moment de la délégation! sa conduite en implique la remise tacite; s'il ne la connaissait pas, c'est à lui de subir les conséquences de son ignorance plutôt que le créancier qui ne fait que recevoir ce qui lui est dû ainsi que nous l'avons déjà montré.

Si la délégation, quoique parfaite, a été subordonnée à l'accomplissement d'une condition suspensive, la novation n'aura pas lieu immédiatement. La créance du délégataire contre le délégant ne sera pas éteinte, mais tout restera en suspens jusqu'à l'événement de la condition; en ce sens que le délégant ne pourra être poursuivi que lorsqu'on sera certain de l'inaccomplissement de la condition, parceque ce n'est qu'alors qu'on saura s'il était encore débiteur, et que le délégué ne pourra non plus être poursuivi que lorsque l'événement de la condition se sera accompli, car, c'est seulement à partir de ce moment qu'il aura été débiteur.

L'effet immédiat de la délégation faite sous condition suspensive est donc de rendre le débiteur primitif de débiteur pur et simple, débiteur conditionnel et par suite d'empêcher les poursuites que sans cette modification, on eut été en droit d'exercer contre lui.

---

(1) L. 19, de nov., D., XLVI, 2.

POSITIONS.

DROIT ROMAIN.

I. La novation intervenue entre un débiteur et l'un de ses créanciers solidaires produisait ses effets à l'égard de tous.

II. Le mari peut comme un délégataire ordinaire poursuivre pour le tout le donateur de sa femme qui, sur l'ordre de celle-ci, s'est engagé envers lui, *dotis nomine.*

III. Le mari ne supporte l'insolvabilité du débiteur qui lui a été délégué par sa femme *dotis causa,* qu'en ce sens seulement que, quoique, par suite de cette insolvabilité, il n'ait qu'une dot moindre, ou même pas de dot, il n'aura pas de recours contre sa femme.

IV. Le pupille contractait une obligation naturelle lorsqu'il promettait *sine tutoris auctoritate.* Ce fut là un progrès de la jurisprudence postérieure à Antonin-le-Pieux. Cette obligation naturelle existait non seulement à l'encontre des tiers, mais encore à l'encontre du pupille lui-même.

V. La règle générale, en droit romain, était que l'hérédité jacente représentait la personne du défunt et non celle de l'héritier futur.

VI. Du temps des jurisconsultes classiques, le possesseur de bonne foi, *rei singularis*, gagnait définitivement les fruits par la perception, et sans qu'il fût nécessaire qu'il les eût consommés.

VII. L'exception de dol insérée dans la formule d'une action *stricti juris* ou *arbitraria* pour faire valoir la compensation, donnait au juge le pouvoir de faire la balance entre les dettes et les créances respectives, et de ne condamner le défendeur qu'au reliquat, pouvoir que le juge avait dans les actions *bonæ fidei*, sans qu'il fût besoin d'insérer d'exception dans la formule.

DROIT FRANÇAIS.

I. Sous le régime de communauté, le mari ne peut seul faire novation des créances mobilières propres à sa femme.

II. Le fait par un vendeur de recevoir de son acheteur des lettres de change opère novation et fait perdre à ce vendeur son privilége et son action résolutoire.

III. Lorsque le délégué était en faillite ouverte ou tombé en déconfiture au moment de la délégation, le délégataire ne recouvre pas son ancienne créance contre le délégant ; son droit se borne à lui demander des dommages-intérêts.

IV. L'enfant naturel ne peut pas être adopté par le père ou la mère qui l'a reconnu.

V. La donation déguisée sous la forme d'un contrat

à titre onéreux est nulle *ob defectum formæ*, quoiqu'elle soit intervenue entre personnes capables, l'une
de donner, l'autre de recevoir.

VI. Les donations entre époux faites par contrat de
mariage sont : 1° révoquées de plein droit par la séparation de corps au profit de celui qui l'obtient ; 2° ré-
vocables pour cause d'ingratitude.

VII. Dans le cas de purge extraordinaire, le mineur,
l'interdit et la femme mariée, auxquels il n'est plus
permis de poursuivre l'adjudicataire, ne peuvent pas
non plus se faire colloquer sur le prix.

DROIT ADMINISTRATIF.

I. Les conseils de préfecture ne sont pas juges de
droit commun en matière administrative.

II. Les jurys d'expropriation ne sont pas compé-
tents pour connaître des dommages permanents.

III. La propriété des églises et des presbytères
n'appartient pas aux fabriques.

IV. Le droit de mutation par décès au profit de la
régie de l'enregistrement et des domaines ne doit pas
s'exercer par prélèvement et préférence à tous autres
créanciers.

DROIT CRIMINEL.

I. On doit, pour la fixation de l'amende encourue

pour délit habituel d'usure, faire entrer dans le calcul les renouvellements du même prêt.

II. La femme poursuivie devant la Cour d'Assises comme coupable du crime d'infanticide et acquittée par le jury, peut être poursuivie devant le tribunal correctionnel comme coupable du délit d'homicide par imprudence.

DROIT DES GENS.

I. Une notification de blocus ne doit pas légalement dispenser une nation belligérante d'un blocus effectif.

II. Les vaisseaux neutres ne sont pas de bonne et loyale prise par cela seul qu'ils ont été capturés sous le convoi de l'ennemi.

Vu par le Président de la thèse,
VUATRIN.

Vu par le Doyen de la Faculté,
A. PUJAT.

Permis d'imprimer :
Le Vice-Recteur,
CAYX.

www.ingramcontent.com/pod-product-compliance
Lightning Source LLC
LaVergne TN
LVHW052156050726
842523LV00017B/373